北海道建築

北の大地に根づく建物と暮らし

建築監修＝角 幸博

文・写真＝荒井宏明

HOKKAIDO ARCHITECTURE

味 な
たてもの
探 訪

JN221681

CONTENTS

＊本書の内容は令和6年8月時点のものであり、その後状況が変化している場合もありますので、あらかじめご了承ください

ARCHITECTURE TOURS

AREA COLUMN

はじめに

　北海道の面積は日本全土の5の1強を占め、香川県の44個分、東京都の38個分にあたる。179市町村という全国最多の自治体数は、最も少ない富山県（15市町村）の12倍だ。

　道内ほぼ全域が国内唯一の亜寒帯に属し、これまでに観測された最低気温（ー41.0℃）と最高気温（37.8℃）の差78.8℃は他府県に類を見ない。また道都・札幌市は「年間降雪量が約5メートルというまちに200万人近くが暮らす」という世界史上、唯一無二の豪雪都市である。

　良くも悪くも日本における規格外の大地。それが北海道だ。

　厳しい気候風土ではあるが、それを補って余りある魅力的な大自然と、人混みと無縁のゆったりとした暮らしは道民の誇りでもあり、国内外から訪れる人たちにとっても、ここでの滞在を特別なものにしている。

　建築に目を向けると、天を突くような高層ビルや贅を尽くした豪華絢爛な楼閣、時代を超えて職人の息遣いを伝える江戸期以前の建築。こういったものを北海道で見つけるのは難しい。現存している多くは、激しい寒暖差と積雪の重みに耐えてきた質実な建物である。

　では、そこに面白味や見どころがないかと言えばそんなことはない。それどころか北海道以外では生まれないようなドラマの舞台となり、いまなお地域に根差し、人々の暮らしを支えている建物がそこかしこに姿を残している。

　北海道と言えば、国内有数の観光地である札幌・小樽・函館にどうしても目が行きがちだが、本書では北海道をまるっと訪ね歩き、その土地や各エリアにおいて、建物がどのようにして生まれ、どのように使われ、今日に至っているのかを紹介している。

　本書の性格を要約すると「北海道を知り、味わってもらうための建物探訪」ということになる。歴史や風土、産業など様々な切り口で、北海道各所の建物を取り上げているが、もちろん収めきれなかった味わい深き建物も数多ある。

　読者のみなさんには、ぜひとも道内各地に足を運んでいただき、各々の心の内に新たな探訪の記を綴っていただきたい。

荒井宏明

安田侃彫刻美術館アルテピアッツァ美唄(旧美唄市立栄小学校)。1981(昭和56)年に閉校した木造2階建校舎と体育館を含む一帯を再生し、芸術文化の交流施設として1992(平成4)年に開設▶152頁

サッポロファクトリーレンガ
館(旧北海道開拓使麦酒醸造
所)。1876(明治9)年に北海
道開拓使麦酒醸造所として竣
工。かつて札幌通りと呼ばれ
た北3条通りに面し、移り変
わる札幌都心で150年近く変
わらぬ姿で在り続けている▶
30頁

北海道建築 歴史と変遷

01 開拓使設置
北国独自の洋風建築が始まる（1869〜1899年）

　1869（明治2）年5月、新政府軍と旧幕府軍との最後の戦闘である箱館戦争が終結。同年、明治政府によって開拓使（＊1）が設置される。それまで漁業一辺倒だった北海道の産業と経済を、農業や鉱工業へと一気に転換するのが狙いだった。北の都となった札幌には、開拓使主導による行政施設や官営工場が次々と建てられた。

　しかし本州の在来工法（＊2）は北海道の厳しい気候風土にはそぐわず、洋風建築を手本にした北海道独自の建築工法が検討される。なかでもアメリカから招いた技師や教師たちの合理的かつ最大利益を追求する建築観は、当時の開拓使の建築技術者たちに多大な影響を与えたと言われている。1888（明治21）年の北海道庁本庁舎（モデルとなったのは米マサチューセッツ州議事堂）の建設では、それまでの木造建築に代わるれんがの組積造が採用されるなど、素材や構造においても進取の機運が見てとれる。

【北海道建築の歴史年表】

北海道の建物

1876年	1878年	1880年	1884年	1887年	1888年	1890年
開拓使麦酒醸造所（サッポロファクトリー）が竣工 ▼30頁　開拓使長官・黒田清隆が寒冷地住宅の研究を旨とする「家屋改良の告諭」を発布	開拓使仮博物場（札幌市）／札幌農学校演武場（時計台）が竣工 [札幌市]	金大亭が竣工 [石狩市] ▼90頁	兼上渡辺商店（島の駅利尻海藻の里）が竣工 [利尻町] ▼168頁	檜山爾志郡役所（江差町郷土資料館）が竣工 [江差町] ▼152頁	北海道庁本庁舎（赤れんが庁舎）が竣工 [札幌市]	札幌製糖工場（サッポロビール博物館）が竣工 [札幌市] ▼126頁

THE ARCHITECTS

北海道・日本の歴史

1869年	1876年	1877年	1882年	1892年	1900年
箱館戦争終結　札幌に開拓使庁、函館・根室に開拓使出張所を設置	ウィリアム・スミス・クラークを初代校長とし、札幌農学校（北海道大学）が開校	[西南戦争が始まる]	札幌・函館・釧路に県を設置　札幌〜幌内（三笠市）間に鉄道が開通	北海道炭礦汽船が夕張で採炭を開始	北海道拓殖銀行が設立

約2万年前から独自文化が発展。13世紀頃から江戸期にかけてアイヌ民族独特の文化の時代が続く

＊1：北海道内陸部の開拓と北方防衛を目的に設けられた行政官庁

本州と津軽海峡を隔てた北海道は、悠久の年月にわたり先住者たちが
独自の生活文化を築いてきた。近年においては絶え間ない寒波や豪雪、そして作物不良や大火など
数々の試練を原動力に、建築に関する研究開発が推し進められてきた。
明治期以降の建物の変遷を見つめながら、北海道の近・現代史をたどる。

02　産業の隆盛
人口増で大規模建築が増加（1900〜1950年）

　新天地での成功を胸に北海道に渡ってきた経済人たちは、官営事業や大正期に始まる本州財閥資本の大規模な産炭とは別の文脈で各地に根差し、産業を興していった。大規模な倉庫や店舗の建設にあたっては、道内で産出する軟石を採り入れるなど、ここでも創意工夫が重ねられた。

　1915（大正4）年に道内初の鉄筋コンクリート造建築として東本願寺函館別院本堂が竣工。明治以降、3度もの類焼の難に遭った同院は、不燃を期してコンクリート造りに舵をきったが、受け入れられない檀徒の一部から猛反発もあったという。とはいえ、鉄筋コンクリートの初採用が寺院というのも、北海道らしい思い切りである。

　また、住宅における板ガラスの採用の早さは国内で類を見ない。1900年代初めには標準的な建具のひとつになっている。紙障子に比べ桁違いの保温性が、北国の市民にどれほど歓迎されたか想像に難くない。

1894年	小樽倉庫（小樽市総合博物館運河館など）が竣工［小樽市］▼32頁
1902年	国稀酒造酒蔵が竣工［増毛町］▼92頁
1909年	明治酒蔵が竣工（高砂酒造）［旭川市］▼102頁
1914年	ピアソン宣教師の居宅（ピアソン記念館）が竣工［北見市］▼160頁
1915年	東本願寺函館別院本堂が竣工［函館市］
1921年	第一銀行函館支店（函館市文学館）が竣工［函館市］▼157頁
1923年	丸井今井呉服店函館支店が竣工［函館市］▼56頁／三菱美唄炭鉱立坑櫓が竣工［美唄市］▼138頁
1924年	北海製罐第3倉庫が竣工［小樽市］▼42頁
1926年	行啓記念北海道庁立図書館（北菓楼札幌本館）が竣工［札幌市］▼68頁

HISTORY OF HOKKAIDO

1904年	日露戦争が始まる
1908年	青函連絡船の営業開始
1910年	札幌で五番館が道内の百貨店第一号として開業
1914年	新夕張炭鉱でガス爆発422人が死亡／第一次世界大戦に参戦
1915年	苫前村（苫前町）で大熊に襲われ、2日間で6人が死亡、3人が重傷
1918年	開道50年の記念博覧会が札幌と小樽で開かれ、50日で140万人が来場
1923年	関東大震災
1926年	青森ー函館間に電話線が開通
1930年	北海道アイヌ協会が設立
1932年	5・15事件
1933年	札幌市の北24条一帯に、国営の札幌飛行場が開業／国際連盟を脱退
1940年	札幌に北部軍司令部を設置

＊2：柱と梁で建物全体を支える木造軸組工法

03 寒地研発足
北国の住まいの快適を探求（1950～1980年）

　北海道では暮らしの場でも、就労の場でも、寒さや積雪、春先のすが漏り（＊3）が悩みの種だった。1953（昭和28）年に北海道防寒住宅建設等促進法（寒住法）が制定され、防寒住宅の普及が進められる。1955（昭和30）年には北海道立寒地建築研究所（北海道立総合研究機構）が設立し、新たな北方型住宅の構築に向けて試行錯誤が重ねられた。

　1964（昭和39）年に登場したグラスウール（＊4）はその断熱効果の高さから、住宅のみならず、公共建築やオフィスビルなどあらゆる建築物にとっての福音となった。1978（昭和53）年に第二次オイルショックが起きると、単に暖かいだけでなく、灯油消費をより効率的にする「省エネ建築」

の必要性が叫ばれ、北海道の建築技術の向上にもつながった。

北国に適した建築素材、れんがを製造したヒダ製陶工場（現・ÉBRI）。1951年竣工 ▶147頁

1929年	1933年	1935年	1942年	1950年	1952年	1953年	1955年	1957年
斜里町役場（旧斜里町図書館）が竣工［斜里町］ ▼170頁	安田銀行帯広支店（十勝信用組合本店）が竣工［帯広市］ ▼184頁	音威子府村立筬島小学校（エコミュージアムおさしまセンター）が竣工［音威子府村］ ▼頁	ニッカウヰスキー余市蒸溜所が竣工［余市町］ ▼116頁	サッポロラムネ工場（岩佐ビル）が竣工［札幌市］ ▼20頁 80頁	西興部村立上興部中学校（GA・KOPPER）が竣工［西興部村］ ▼	北海道防寒住宅建設等促進法が制定	北海道立寒地建築研究所（北海道立総合研究機構）設立［札幌市］	札幌テレビ塔が竣工［札幌市］

THE ARCHITECTS

1941年	1942年	1943年	1944年	1945年	1950年	1954年
帯広畜産大学の前身、帯広高等獣医学校が開校。太平洋戦争が始まる	下湧別村（湧別町）で漂着した機雷が爆発。112人が死亡、112人が負傷	北海道・東北出身者を主とするアッツ島守備隊が全員玉砕	壮瞥村（壮瞥町）で大爆発とともに昭和新山が出現	【広島・長崎に原子爆弾が投下される】【日本がポツダム宣言を受諾。敗戦】アメリカ陸軍が札幌・旭川・函館・小樽などに進駐	第1回 札幌雪祭り（さっぽろ雪まつり）が開催	青函トンネルの工事を開始 台風15号襲来。青函連絡船5隻が沈没。岩内町の大火と併せ、死者は1320人

＊3：軒先の凍結で屋根の雪解け水が排水されずに建物内部に浸み込んでくるトラブル

＊4：ガラスを高温で溶かし、1000分の1ミリ単位の繊維にした綿状の不燃素材。建築物の壁・天井・床・屋根の断熱材・吸音材・防振材として用いられる

04 超大型施設の誕生
札幌一極集中と過疎化の中で
（1980年〜）

　1907（明治40）年の採炭開始以来、全国有数の産炭地だった夕張市は、1980年代の２度の大事故で155人もの死者を出し、1990（平成２）年にすべての炭鉱が閉山。2007（平成19）年には日本初の財政再生団体（＊５）となり財政破綻した。しかしこれは夕張だけの問題ではない。現在の北海道を過疎法（＊６）に照らせば、179市町村のうち152が過疎自治体である。

　その中で札幌だけが人口を大きく伸ばし、国内有数の施設を誕生させている。世界No.1ホールとも評される札幌コンサートホールKitara（1997年）、北海道初の全天候型スタジアム・札幌ドーム（2001年）、東北・北海道で最も高い建築物（完

「公園全体をひとつの彫刻作品とする」とのコンセプトで造られたモエレ沼公園 ▶ 145頁

成時）となったJRタワー（2003年）、世界的な彫刻家イサム・ノグチが基本設計したモエレ沼公園（2005年）。

　この地域格差をどう考えるか。超大型の建築が今後、どれほど必要なのか。道内各地の歴史的建築物から学ぶことは多い。

1958年	室蘭市立絵鞆小学校教室棟が竣工 [室蘭市] 44頁 ▼
1963年	住友赤平炭鉱立坑櫓（赤平市炭鉱遺産ガイダンス施設）が竣工 [赤平市] 128頁 ▼
1967年	北海道立図書館が竣工 [江別市] 78頁 ▼
1970年	北海道百年記念塔が完成 [札幌市] ▼
1972年	アイヌ文化の森・伝承コタンが開業 [旭川市] 114頁 ▼
1983年	釧路市立博物館が竣工 [釧路市] 175頁 ▼
2003年	モエレ沼公園ガラスのピラミッドが完成 [札幌市] 145頁 ▼
2016年	札幌本館が開業 [札幌市] 68頁 ▼
2019年	旧北海道庁立図書館をリノベーションし、北菓楼札幌本館が開業 [札幌] ／ 二風谷コタンが開業 [平取町] 104頁 ▼

HISTORY OF HOKKAIDO

1964年	朝日新聞の1000万円懸賞小説で、旭川市の三浦綾子さんの『氷点』が一位を獲得 ／ [東京オリンピック開催]
1972年	冬季オリンピック札幌大会開催。札幌市が政令指定都市になる
1988年	青函トンネルが貫通 ／ 新千歳空港が開業
1993年	北海道南西沖地震が発生。奥尻島では火災が発生し、200人が死亡
1994年	アイヌ民族の萱野茂氏が参議院議員に初当選
1995年	[阪神淡路大震災]
1998年	北海道国際航空（株式会社AIRDO）が新千歳ー羽田便を就航
2003年	北海道日本ハムファイターズが設立
2004年	旭川市の旭山動物園の入園者数が日本一になる

＊５：2009年に施行された「地方公共団体の財政の健全化に関する法律」の適用団体。著しく財政状況が悪化し、国の指導の下で財政再建を行う地方自治体

＊６：過疎地域の持続的発展の支援に関する特別措置法（2021年）。人口の著しい減少に伴って地域社会の活力が低下した地域への特別措置を定めている

北海道建築の構造（建築材と工法）

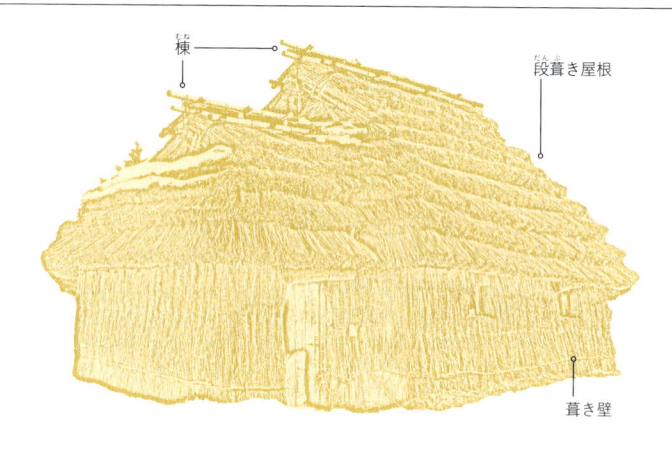

棟（むね）
段葺き屋根（だんぶきやね）
葺き壁（ふきかべ）

①合掌造（がっしょうづくり）
二風谷コタン（平取町）の
チセ ▶104頁

アイヌの住居・チセは、民族の伝統的な技法や儀礼に則って造られる。北海道のチセの特徴に、①屋根が段葺き②屋根を地上で組み立て、あらかじめ組み上げておいた柱に乗せる③屋根の構造物に3本の丸太で作る三脚（＊1）を用いるなどが挙げられる。

②木造 島の駅利尻 海藻の里 旧兼上渡辺商店（利尻町）▶168頁

木造軸組構法（もくぞうじくぐみ）は、柱や梁など主要な部分に木材を用いる構造で、日本の木造住宅の多くはこの工法で造られてきた。明治期以降、北海道ではガラス窓のいち早い導入など、気密性を高めた木造建築の研究が進められてきた。また初期は屋根材にトタン板を用いていたが、現在はガルバリウム鋼板（＊2）の導入が進んでいる。

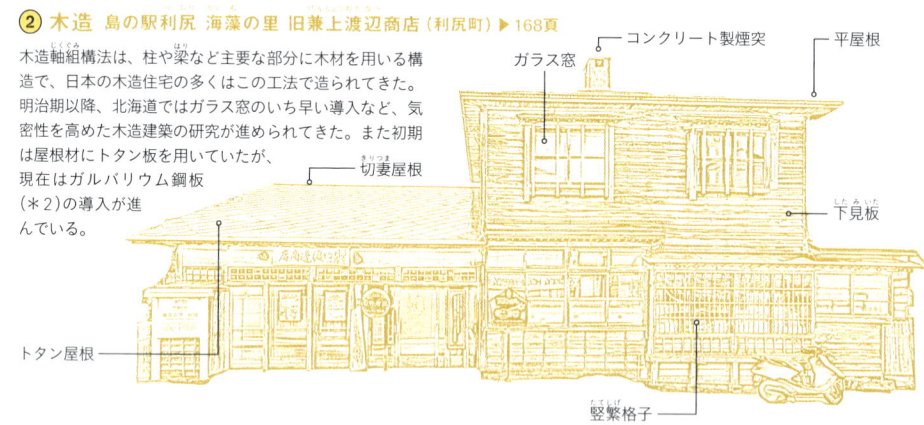

ガラス窓
コンクリート製煙突
平屋根
切妻屋根（きりつま）
下見板（したみいた）
トタン屋根
竪繁格子（たてしげ）

③本石造（ほんいしづくり）
旧日本郵船小樽支店
（小樽市）▶149頁

自然にある岩石を切り出して加工し、建材として使用する工法。組積式（そせき）構造建築のひとつで、主体となる構造部（躯体）を石材で構成する。壁体は軟石（なんせき）で、胴蛇腹（＊3）などには硬石を使っている。暖房による火災がたびたび発生した北海道では、延焼防止などの観点から石造建築が採り入れられた。

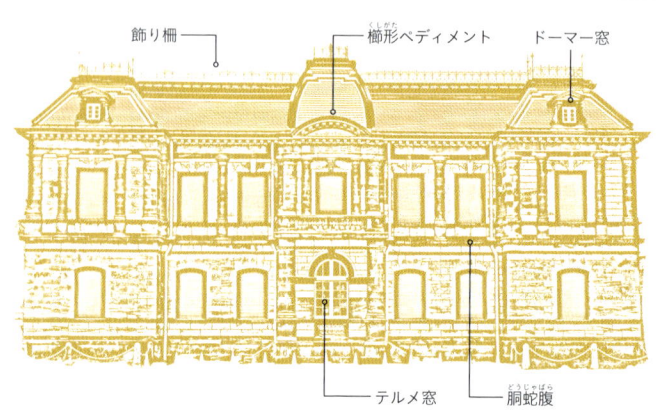

飾り柵
櫛形ペディメント（くしがた）
ドーマー窓
テルメ窓
胴蛇腹（どうじゃばら）

建築構造の役割は、内外から作用する力に対して建物が崩壊しないように保つことにある。
常に建物に作用する固定荷重に加え、北海道では冬期間の積雪も計算に入れなければならない。
本書に登場する主な建築構造を紹介する。

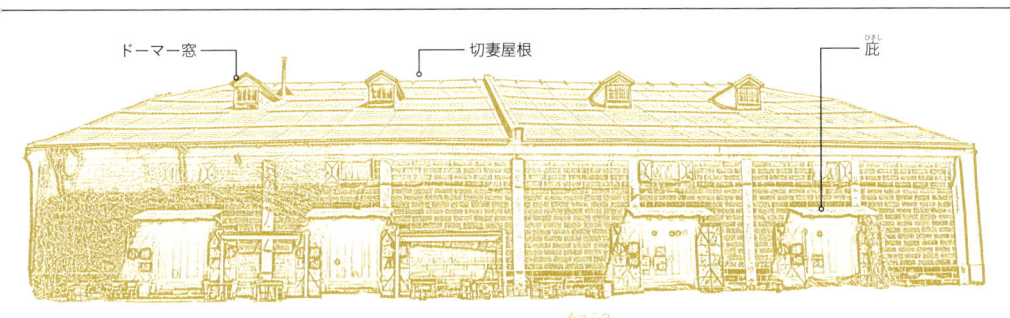

ドーマー窓　　　　切妻屋根　　　　庇

④ 木骨石造 旧小樽倉庫No.1（小樽市）▶40頁

木材の柱や梁で建物の骨組を作り、それに沿って石材を組み上げて壁を作る工法。軸組と壁の両方で建物の荷重を支える。使用する石材が薄くて済むので工期も短く、費用も抑えられる。外側の石材が延焼を防ぐほか、室内の温度や湿度が保たれることから、倉庫建築などで多く採り入れられた。

⑤ れんが造 ĒBRI 旧ヒダ工場（江別市）▶147頁

れんがを建築材とした組積式の工法。耐久性が高く、室内温度を一定に保つなどの利点があるが大きな地震には弱い。近年は耐震性を確保したれんが造りが開発されている。北海道では耐火性や断熱効果から、れんが造りの建物が多く造られ、れんが工場も各地に設けられた。

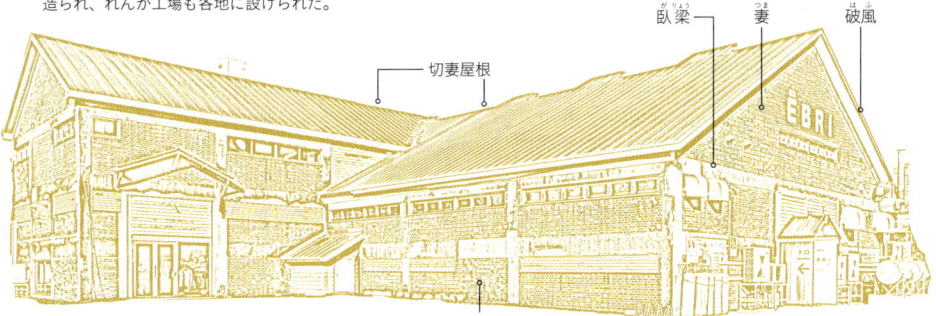

臥梁　　妻　　破風

切妻屋根

ĒBRI

れんが壁

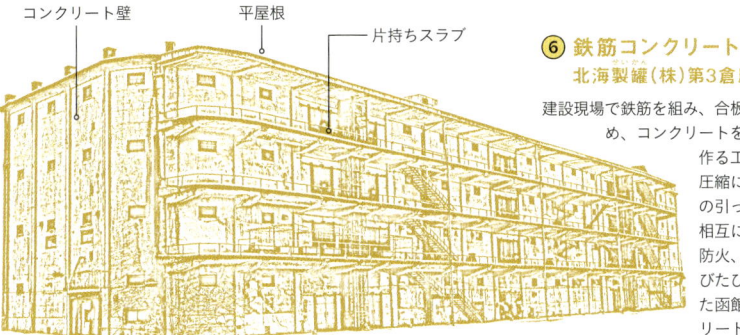

コンクリート壁　　平屋根　　片持ちスラブ

⑥ 鉄筋コンクリート
北海製罐（株）第3倉庫（小樽市）▶42頁

建設現場で鉄筋を組み、合板でつくった型枠をはめ、コンクリートを流し込んで構造体を作る工法。コンクリートの圧縮に対する強さと、鉄筋の引っ張りに対する強さが相互に補完し合い、強度や防火、耐久性に優れる。たびたび大火に見舞われていた函館では大正期にコンクリート建築の導入が進んだ。

＊1：アイヌ語でケトゥンニと呼ばれる屋根を支える構造体
＊2：アルミニウム・亜鉛・シリコンでメッキした鋼板。耐久性などに優れる
＊3：帯状に突出した壁面装飾

北海道建築の構造（屋根）

平らな屋根が建ち並ぶ街並みは、現代における「北海道らしい光景」のひとつ。それは北の暮らしの向上を目指してきた技術の積み重ねの賜物ともいえる

北海道の住宅は「平らな屋根が多い」のが特徴と言える。独立行政法人住宅金融支援機構が2014年に実施した調査では、屋根の角度（傾斜角）がほぼ0の住宅は、全国平均の7.4％に対し、北海道は38％を占める。平らな屋根は、隣近所との距離が近い地域において特に多く、札幌市内では住宅の新築確認申請の約8割を占める。なぜ、北海道の住宅に平らな屋根が多く、隣家との距離が近い地域において顕著なのだろう。

日本家屋の屋根といえば、今も昔も寄棟（右頁）または切妻（同）が主流である。また明治の北海道の開拓期にアメリカ人技師が広めたギャンブレル屋根（同）は、農村の倉庫や牛舎などで採用されてきた。

しかし高度経済成長期以降、都市化が進むと、隣家の敷地に自分の家の屋根の雪が落ちないように配慮する必要が生じてくる。また傾斜のある屋根の上での除雪中の転落事故も多い。そして建物の構造上、軒が突き出る寄棟屋根や切妻屋根は、庇に付く氷柱による窓の破損や、落下による通行人の負傷などにもつながる。そこで屋根を平らにし、降り積もった雪を春まで留めておける無落雪住宅（同）の開発が進められた。無落雪住宅は中央に溝を設け、太陽の熱で溶けた水を流すスノーダスト屋根と、少し傾斜をつけて雪どけ水を軒先に流すフラットルーフのふたつがある。

北海道で独自の発展を遂げてきた建築技術によって、北の暮らしの安心安全が支えられている。

どの国にあっても建物の〝らしさ〟は、地域の気候風土に深く根差している。
建物を知ることは、その土地を知ることに等しい。北海道の風土は日本の中でも特異であり、
したがって北海道建築の〝らしさ〟も、道外のそれとは趣を異にする。
住宅の平らな屋根もそのひとつである。

庇

◁ 無落雪屋根

傾斜の無い平面状の屋根のこと。平屋根とも言う。屋根の中心に向かってわずかに傾斜をつけたり、庇部分に雪止め処理を施したりすることで、隣家の敷地や公道、通行人などに雪を落とさないようにしている。

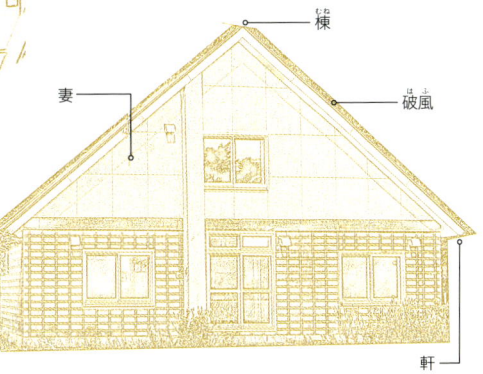

棟

妻

破風

軒

▷ 切妻屋根

ほぼ同じ長さのふたつの面だけで構成され、妻側(屋根の棟に対して垂直の壁)から見て、ほぼ2等辺三角形になっているものを切妻屋根と呼ぶ。三角屋根の通称もある。北海道の切妻屋根は雪が溜まらないように角度を急にしているものが多い。

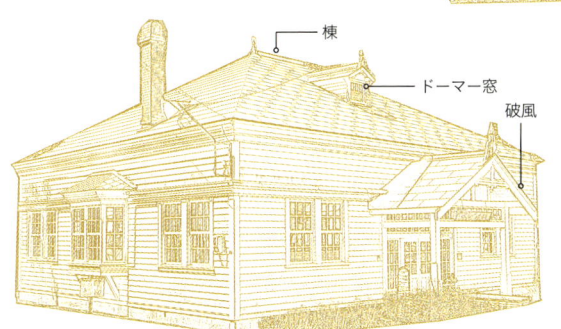

棟

ドーマー窓

破風

◁ 寄棟屋根

頂上から軒先に向かって4方向に屋根の面がある構造。日本では切妻屋根の次に多い。横から見た時に屋根が台形になることから落ち着いた雰囲気になり、また4方面に屋根の面があるので、風雨や雪などの影響も分散させることができる。
——
エドウィン・ダン記念館
住所：札幌市南区真駒内泉町1-6

▷ ギャンブレル屋根

切妻屋根の勾配を2段にした屋根。駒形切妻屋根、あるいは腰折れ屋根とも呼ばれる。水はけが良い、屋根裏部屋の天井を高くできる、敷地が狭くても施工できるなどのメリットがある。北海道の農村地域では、畜舎および飼料の貯蔵庫としてギャンブレル屋根が多く採用された。
——
江別市旧町村農場
住所：江別市いずみ野25-1

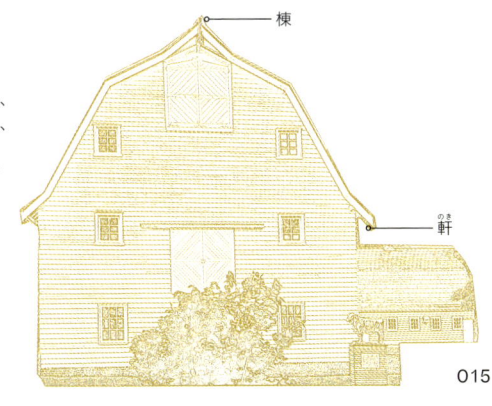

棟

軒

INTERVIEW
& COLUMN

もっと北海道を知りたい。もっと北海道を味わいたい。
その思いを抱えながら方々に建物を訪ね歩く。
北海道建築の奥行は、それを継いできた人たちの
思いの深さの合計に等しい。
産業、経済、教育、文化、伝統等々、
建物が担ってきた役割を紐解きながら、
その足跡を知る人々に話を訊いた。

北菓楼札幌本館(旧行
啓記念北海道庁立図書
館)。1926(昭和元)年
の竣工当時の姿をその
まま留めている旧玄関
▶68頁

INTERVIEW & COLUMN MAP

北海道は面積の71%を森林が占め、
雄大な自然景観が織り成す7つの国立公園、
5つの国定公園、11の道立自然公園を持つ。
広大な行政エリアをカバーするため、
14の総合振興局・振興局に区分されている。
インタビュー、コラムに登場する
建物を地図で確認してみよう。

INTERVEIW

COLUMN

礼文島

留萌振興局
日本海に面するエリア。海沿いの幹線道路から見える夕景は北海道の絶景のひとつに挙げられる

空知総合振興局
かつて炭鉱で栄えた都市が散在するエリア。花の名所が多いことでも知られる

石狩振興局
道庁所在地の札幌は人口約195万人。JR札幌駅や新千歳空港などがある北海道の中心エリア

余市町

後志総合振興局
商都・小樽やニセコ、ルスツ、キロロなどリゾート地を擁する観光資源に富むエリア

⑨ 小樽
⑫ ②

渡島半島
檜山北部
奥尻島
室蘭
③

江差町
⑭ ⑭ ④
檜山南部
函館

檜山振興局
渡島半島の日本海岸に面したエリア。北部の北檜山地区と南部の江差・追分地区に二分される

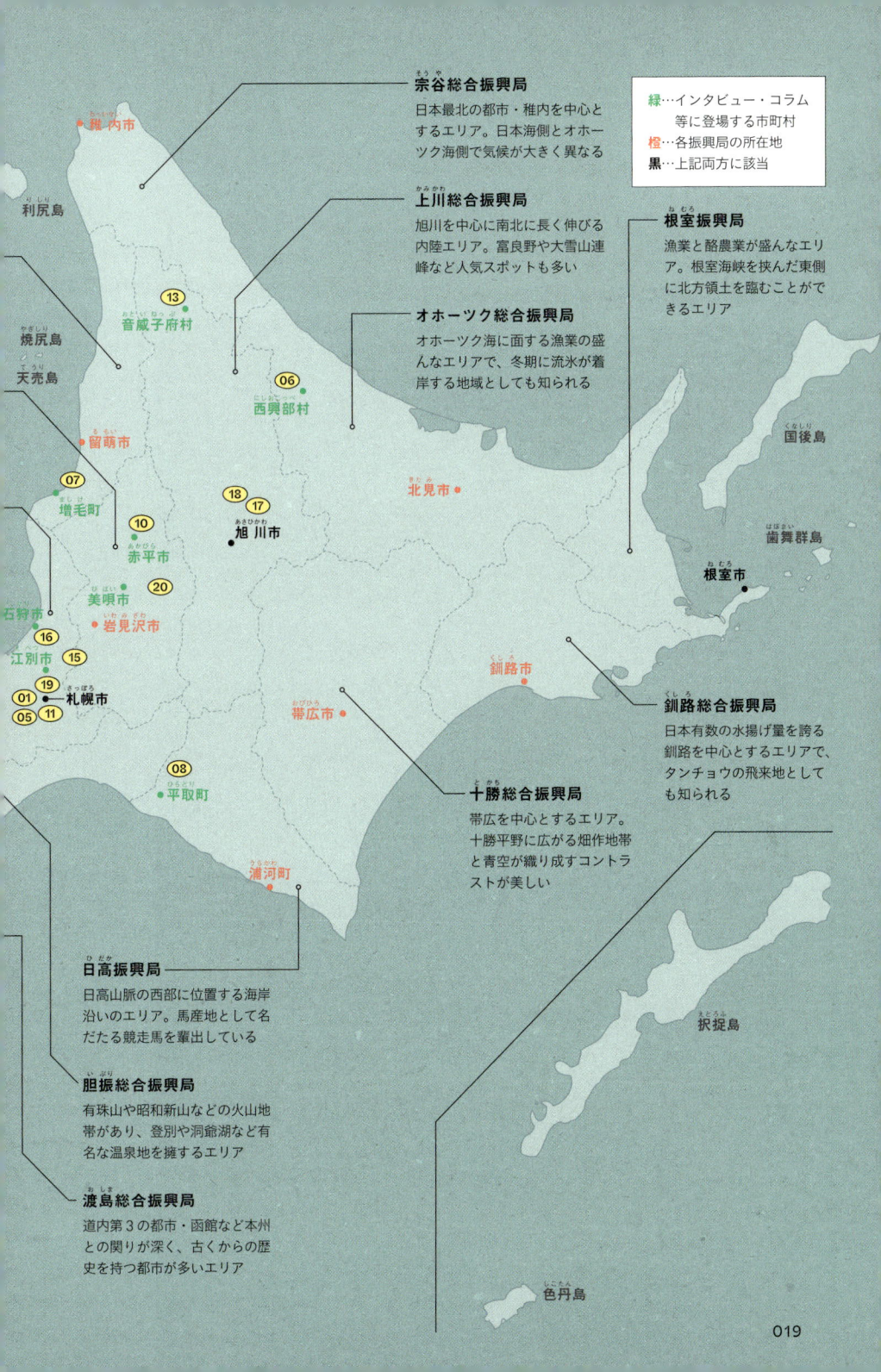

DATA

創業	1950年(岩佐通産)
竣工	東棟：1950(昭和25)年 北棟：1965(昭和40)年 南・西棟：1962(昭和37)年頃
設計	岩佐矼ほか
構造	鉄筋コンクリート造 地上3階建て・地下1階

INTERVIEW ⁰¹

SAPPORO

—

クリエイターを魅了する
旧ラムネ工場

—

岩佐ビル

#札幌通景観

札幌通りとも開拓使通りとも
呼ばれ、古くから札幌市民に
親しまれてきた北3条通りの
南向きに岩佐ビルは建つ

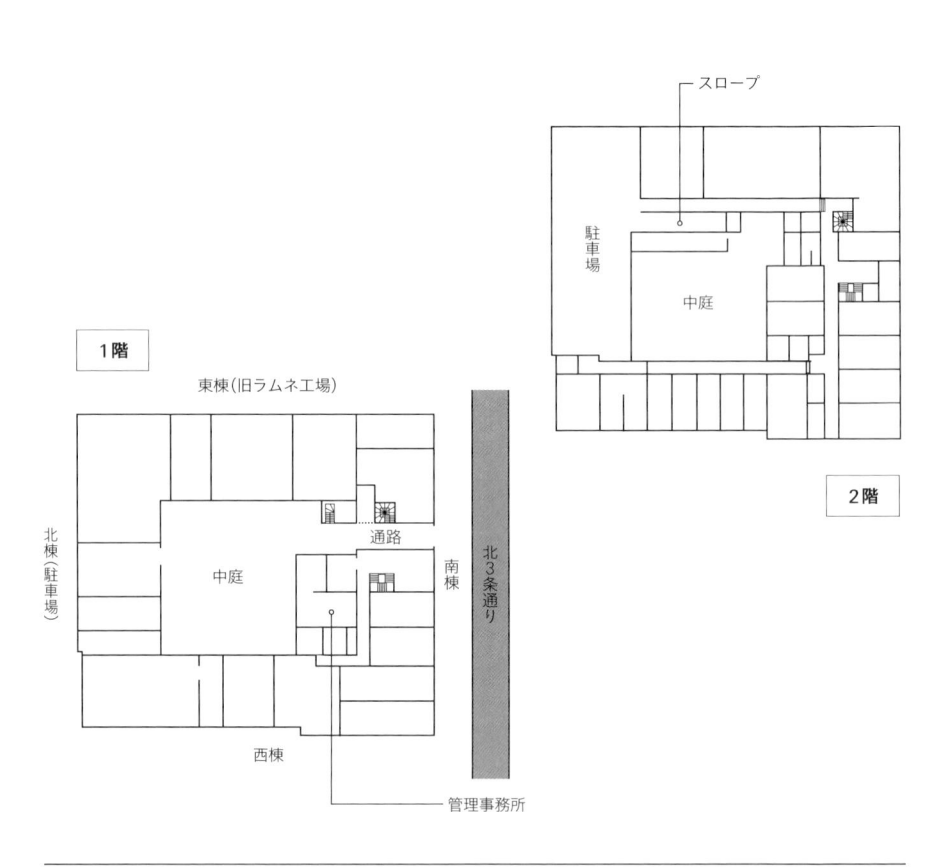

昭和20年代の終わり頃
ラムネ生産を終了。アイスクリームの製造を開始する

昭和36～39年（1961～64）
南棟、西棟を建設

平成22年（2010）
札幌市景観資産に指定

昭和25年（1950）
「サッポロラムネ」の製造工場として岩佐通産を創業

昭和35年頃（1960頃）
工場生産を終了し、テナントビルに転用する

昭和40年（1965）
北棟が完成。ロの字型の棟と中庭を持つ形になる

棟のつなぎ目で隠れる窓

北棟（手前コンクリート部分、駐車場）から西棟（奥）につながる箇所では、フロアの高さが異なるため、西棟の窓は30センチほど隠れている。「窓から物品を受け渡しできるので便利」という入居者の声もあるという。

床の素材の切り替わり

南・西棟の床のつなぎ目を上から見る。下は南棟の床で、上は西棟。南棟の着工から西棟の着工まで2年ほどしか措いていないが、同じ人造石（＊1）の床でも、かなり風合いの異なるものを採用していることがわかる。

貴重な建具のドアノブとガラス

戦後〜昭和中期の製造と思われる建具類をビル内のいたるところで見つけることができる。これらの貴重な品々が「現役で当たり前のように使われている」というところに、設計事務所の入居者がいたく感動するという。

給水場か、給氷場か?

共有スペースの水飲み場の表示板は「給水場」だったが、いつのまにか点を付けられて「給氷場」になっている。社長の岩佐毅一さんは「氷は作っていないので、だれかが冗談のつもりで点を付けたのでしょう」と笑う。

MEMO

新旧建物のコントラストがあるエリア

岩佐ビルの建つ一帯は明治末から昭和にかけて、多くの工場や倉庫が立ち並んだ。平成に入りJR札幌駅の南側で都心整備が進む一方、そこから徒歩圏内のこのエリアは工場跡地などの土地区分の複雑さもあり、再開発が大きく遅れた。そのため建物の新旧のコントラストが色濃く残り、建築物目当ての街歩きには、うってつけのエリアになっている。

＊1：花崗岩や石英などの砕石にセメントや砂などを加えて作った模造石

北棟の屋上から南側を見る。左から順に東棟(旧ラムネ工場)、南棟、西棟。各棟はそれぞれつながっている

創作を後押しする4メートルの天井高

「では札幌の歴史を」と語り出す時、「どの時代から話を始めるのか」で頭を悩ませずに済むのは幸運な語り手だ。札幌近郊で発掘された120万年前のカイギュウ（＊1）から始めるのか、ナウマンゾウ（＊2）を追って3万数千年前に北海道に移動して来た人類に思いを馳せるのか。北海道特有の文化を築いた擦文時代（＊3）？それとも1869（明治2）年の開拓使設置から？札幌・近代・商業の興りの3点に着目する本章においても、悩ましさは変わらない。そもそも札幌の近代とは、いつを指すのか？

　幸いなことに、ひとりの覇気溢れる人物と、彼自らが手を掛けた建物にフォーカスすることで、物語はするっと始めることができる。ラムネ工場を建て増ししていくうちに、ロの字の形

の物件となり、彼の一途な思いを結実した建物が今日、札幌のクリエイターたちを魅了して止まないテナントビルになっているという、ひときわ味わい深い建築譚である。

　「あとで人に聞くと、頑固一徹の典型的な明治の人間という評でしたが、孫の私には穏やかに接する人でした。新天地での大成を志し、岡山県倉敷市から北海道に渡って来たのが大正の半ばと聞いています。農機具製造の会社を興したあと、現在地でラムネの製造を始めます。工場経営に見切りを付けてからは、建物をどんどん建て増ししながら、当時の札幌では珍しい近代的なオフィスビルを造りあげていく。設計や施工においても中心的な立場だったようで、桁違いのバイタリティの持ち主だったんでしょうね」

南棟から中庭に抜ける通路。左側に管理事務所がある。突き当たりの北棟は駐車場として使われている

株式会社岩佐ビル1階のオフィス。創業者の岩佐 砺氏（故人）について語る3代目社長の岩佐毅一さんは感心するようにうなずく。オフィスのドア、床、窓など、使われている建具や部材は、レトロのひとことでは言い表せない味わい深さを持つ。その妙味と品格は、延べ床面積約2000平方メートルの建物全体に通底する。「祖父は質の良いもの、デザインの優れたものを選んで用いたようです。現在このビルに入居する50社のうち6社が建築設計の事務所です。『資料にもなかなか載っていない素材や建具の実物に囲まれながら仕事ができる』と、プロの目から見ても満足する物件のようです。管理する私にしてみれば『こんなにあちこち古いものだらけで、不便をかけていないだろうか』といつも心配しているのですが、みなさん『建物丸ごと気に入っている』と言ってくださるのですから、オーナー冥利に尽きます」

岩佐通産の屋号で、商品名「サッポロラムネ」を生産する工場が竣工・創業したのが1950（昭和25）年。砺氏がこの場所を選んだのは豊平川の良質な伏流水があったからだ。道路を挟んだ南向かいのサッポロビール（開拓使麦酒醸造所）をはじめ、雪印乳業や日本清酒など、近隣の工場のいずれもが、この豊かな清流の恵み

ありきで創業している。

ラムネ工場はロの字で言うと、右の縦棒（東棟）の辺りに建てられた。ビンの製造や回収が思うようにいかず、操業から10年を待たずにアイスクリームやコーヒー牛乳などの製造に変わり、それも数年で終えたあと、砺氏は建物をオフィスビルとして展開すべく、ロの字の下の横棒（南棟）、続いて左の縦棒（西棟）と増築していく。その際に各室の天井の高さを東棟に揃えて、約4メートルとした。これが岩佐ビルについて語られる際、必ず話題にのぼるという各室の天井の高さだ。

「飲食や物販のテナントなら見掛けますが、一般の事務所用でこの高さは珍しいと聞きます。天井の高さがオフィス選びの決め手というクリ

白壁、白天井の室内。間取りは棟やフロアによって異なるが、天井高はどのテナントも高めになっている

クリエイター系の事務所が多く入居する東棟の3階。使い込まれた床の風合いと、年季を経た建具がほどよくマッチしている

左／このガラス窓は4枚のうち、右下の1枚が破損し、現行品がはめ込まれている。「4枚揃えたいが、もう同様のものはないんです」と毅一さん　右／不思議な形状の開き戸。60年にわたり数多くの業種の入居者を受け入れてきたので、「なぜ、この設え？」という謎も多いという

エイター系の事務所さんは多く、創業者の先見の明には感心しますね。『工場だった東棟は仕方がないけど、これから建てる分は低くして資材費を節約したら』とか言われたはずです」と毅一さんは笑う。

　棟の建設や増改築の進捗は、当時の会社の資金繰り次第ということもあり、着工年は4棟とも不明で、竣工年も東と北しか分からない。「登記は東が1958（昭和33）年、南・西が昭和1964〜65（昭和39〜40）年、北が1966（昭和41）年ですが、どうやら登記したあとにも度々工事していたようです。凝り性なのか一途なのか、とにかく納得いくまで手を掛けて思い描く形に仕上げるという人物だったようです」

　当初、東京に本社を持つ大手企業の札幌営業所が多く入居した。そのためか都会のモダンな空気が行き交うエリアになったという。

　「やがて成長期の地場企業が入居し、業績を上げて大きめの物件に移るという流れも生まれました。私が高校生になるまで、自宅がこのビル内にありました。南棟のワンフロアを借り切り、

導入したばかりの超大型の電算機の間を社員が走り回っている会社を目にして『一生懸命に働いているなぁ』と感心していると、ほどなく立派な自社ビルを建て、今では国内10か所以上に営業所を持つまでに成長している。なるほど企業というのは生きものなんだな、と実感しましたね」

　建物の維持管理を考えると悩みも多いという。ガラスなどはもう同様のものが作られていないので、割れるとそこだけが現代の製品になる。「なるべく雰囲気が変わらないようにしたいのですが、現代には現代の基準や規格もあるし、壊れたところは現行品で直さなくてはならない。そもそも50社も入居しているテナントビルを、オーナー自ら自主管理していること自体が珍しいですよね。でも『このビルが大好きで、仕事にも張り合いが出ます』とみなさんに言われると、腕のいい修繕の方に常駐してもらって自分たちで管理するという昔ながらのやり方が岩佐ビルには合っているのだと思います」と毅一さんはうなずく。

＊1：札幌の豊平川で750万〜1000万年前に棲息していた大型カイギュウの化石が発見され「サッポロカイギュウ」と名付けられた。国内のカイギュウの化石の半数以上は北海道で発見されている
＊2：北海道は、日本で唯一、北方のマンモスゾウと南方のナウマンゾウがどちらも棲んでいたと言われている。ナウマンゾウの全身骨格（全体の70〜80％）標本は北海道の忠類村で展示されている
＊3：北海道の歴史において7世紀頃から13世紀（飛鳥時代から鎌倉時代後半）にかけての時代を指す。奈良〜平安の土師器の影響を受けた擦文土器を特徴とするが、後に土器は衰退し、鉄器を用いるアイヌ文化へと移った

1.東隣のビルの屋上から、岩佐ビルとその向こうに広がるJR札幌駅方面を臨む。手前右が東棟で左が南棟　2.この階段も、その先の何もない空間も、かつては必要な設備だったと思われるが、いまでは用途がよく分からない　3.南棟の2階から東棟の2階に行くには、踊り場右に4段、左に4段と計8段分の段差がある

4.1階の北3条通りに面したテナントには、人気の菓子店やレストランが入居。都心部から足を伸ばす人も多い　5.最後に完成した北棟は、倉庫として建設されたので、東棟に沿って荷運び用のスロープが設けられた　6.都心部に比べ、平成期の都市開発は遅れたが、令和に入ると東側(写真右手)の開発が急速に進んだ

INFORMATION　岩佐ビル
札幌市中央区北3条東5-5
☎・営業時間・定休日：テナントにより異なる

赤れんがを敷き詰めた「煙突
広場」は、明治期のれんが建
造物と近代的な丸屋根のアト
リウムが調和する空間だ

開拓の思いを込めた
ビール醸造の建築群

サッポロファクトリー
場所 （旧北海道開拓使麦酒醸造所）

北海道開拓使麦酒醸造所：1876（明治9）年
竣工 サッポロファクトリー：1993（平成5）年

#札幌通景観

左／アトリウム(ガラスやアクリル板などの明かりを通す素材で屋根を覆った大規模空間)による大規模商業施設として札幌第1号となった　右／サッポロファクトリーは北1～3条にまたがる。札幌通りとも呼ばれる北3条通りに面した建築群はとりわけ風格を感じる

　ビールの起源には諸説あるが、紀元前3000年あたりからさまざまな地域で飲まれていたと言われる。日本で記録が残るのは、徳川8代将軍吉宗が治世する江戸中期の長崎出島だというから、伝来までやや時代を要した感がある。それを思えば、明治以降は駆け足そのものだ。1870（明治3）年、横浜の山手居留地に本邦初のビール醸造所が創設され、2年後には大阪において日本人の経営としては初のビールの製造・販売が始まる。その翌年には甲府、そして1876（明治9）年に札幌本府（＊1）の東に北海道開拓使麦酒醸造所が創設され、村橋久成氏と中川清兵衛氏を中心に醸造を開始。翌年には東京へ出荷している。

　横浜・大阪・甲府ときて、次がいきなり海を渡って札幌。それが稀に見る好適地（＊2）であったため、後に「ビールと言えば札幌」と代名詞になるまで生産量を伸ばす。開拓使（＊3）が手掛けた種々様々の事業の中で、今日まで続いているのは札幌農学校（現在の北海道大学）とビール製造のみである。そして今日では、ビールがない世の中を想像するのが困難なほど、日本人の生活に

おいて欠かせぬ存在になっている。

　創業の場であった札幌工場第1製造所が老朽などの理由により、隣の恵庭市への移転が決まったのが1985（昭和60）年。4万平方メートルを優に超える跡地はどうなるのか。更地にして高層ビル群の建設か、それとも土地の切り売りか、はたまた現状のまま塩漬けか。市民は噂し合った。

　英断と言えよう。歴史的建造物である赤れんがの建築群はそのまま活用されることとなり、札幌初の複合商業施設としてサッポロファクトリーが誕生したのは1993（平成5）年。開拓使が切り拓いたビール醸造。その偉業を伝える建築物は120年のさらに先も、札幌のまちとともに在り続けることになったのである。

INFORMATION
——
サッポロファクトリー
札幌市中央区北2条東4　☎011-207-5000
営業時間：10:00～20:00
定休日：店舗により異なる

＊1：開拓使本庁および周辺の敷地を指す。開拓使本庁は1873（明治6）年、現在の中央区北3条西6丁目に完成した
＊2：冷涼な気候に加え、ビールの原料である大麦やホップの栽培が可能であること、豊かな水資源、そして製造の黎明期においては冷却用の氷雪が得られることなどの利点があった
＊3：北海道開拓と北方警備のために1869（明治2）年から1882（明治15）年まで置かれた官庁。西洋の知識や技術を取り入れ、産業の育成を目指した

DATA

創業	西谷支店：1889（明治22）年 小樽倉庫株式会社：1893（明治26）年
竣工	1890（明治23）～1894（明治27）年
設計	不明
構造	小樽百貨UNGA↑：木骨れんが造2階建て 小樽市総合博物館運河館：木骨石造1階建て

優雅な赤れんがの2階建てを中心に、重厚な石造りの建物が左右対称に伸びる旧小樽倉庫は、小樽運河の景観に欠かせない存在

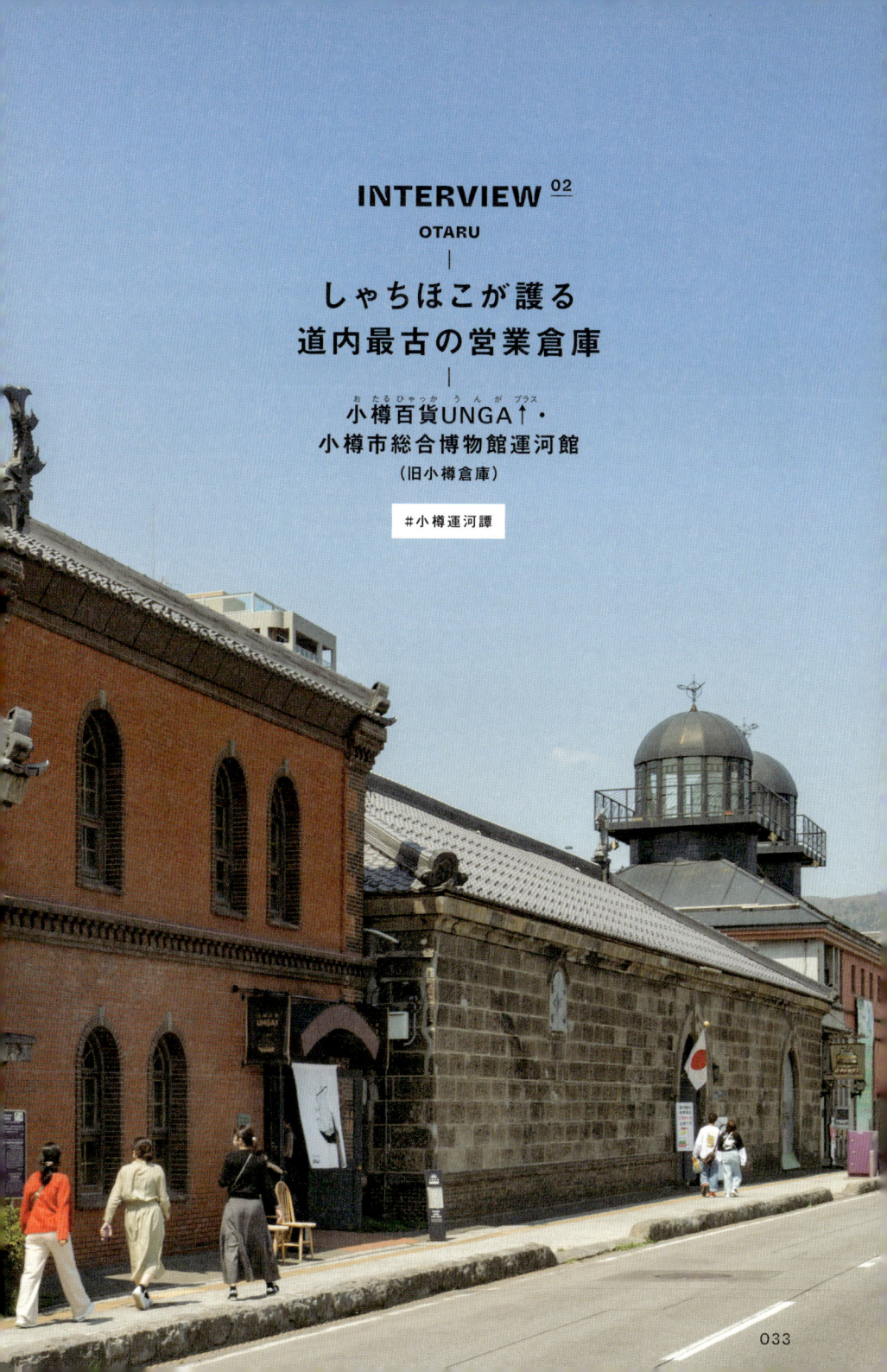

INTERVIEW [02]

OTARU

—

しゃちほこが護る
道内最古の営業倉庫

—

小樽百貨UNGA↑・
小樽市総合博物館運河館
（旧小樽倉庫）

#小樽運河譚

ILLUSTRATION | 図解

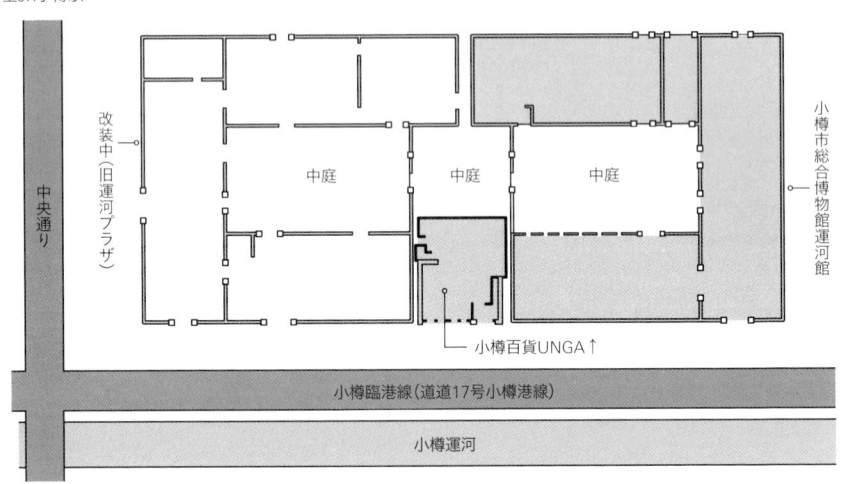

至JR小樽駅

中央通り

改装中（旧運河プラザ）

中庭　　中庭　　中庭

小樽市総合博物館運河館

└ 小樽百貨UNGA↑

小樽臨港線（道道17号小樽港線）

小樽運河

HISTORY | 歴史

明治26年（1893）
600坪の倉庫（旧小樽倉庫）が完成し、開業式を行う

明治38年（1905）
松前の北前船主・山本久右衛門が経営を引き継ぐ

昭和57年（1982）
旧小樽倉庫を小樽市に譲渡する

令和元年（2019）
小樽百貨UNGA↑がオープン

明治22年（1889）
前身の西谷支店が創業。旧小樽倉庫の建築が始まる

明治28年（1895）
北海道初の法人倉庫会社として設立登記

大正12年（1923）
小樽運河が完成

昭和60年（1985）
歴史的建造物に指定される。小樽市総合博物館運河館が開館

8つのしゃちほこ

火災や災難を防ぐお守りとして屋根上に掲げられたしゃちほこは全部で8つ。重量は各々130キログラム。小樽市内にしゃちほこを留める歴史的建造物はいくつかあるが、倉庫に取り付けられたものとしては全国でも珍しい。

建物屋根の瓦

力強い意匠が施された鬼瓦が隅をにらむ。屋根にはかつて6万枚にも及ぶ福井県産の若狭瓦（＊1）が使用されていた。2016（平成28）年に約3000平方メートルの瓦の葺替え工事を実施し、長寿命化と安全性を確保した。

淡いブルーの窓扉

運河通りに面した部分は赤れんがの中央の棟から左右対称に石積みの建物が伸びており、その壁面にはアーチ型の小屋根を付けた淡いブルーの窓が規則的に並んでいる。窓扉は耐火性に優れた鉄製が採用されている。

新旧れんがの交差

かつて本社事務所として使われていた中央の棟は、内部の柱や梁を木で組み立て、外壁にれんがを積み立てて造られた。改修の際に生じた新旧のれんがの交差からも、その歴史の長さをうかがうことができる。

MEMO

小樽運河と歴史的建造物

小樽運河は、JR小樽駅を出てそのまま坂を下ったところにあり、坂の途中にも歴史的建造物が立ち並ぶ。なかでも目を引くのが1930（昭和5）年竣工の旧安田銀行小樽支店だ。重量感のある円柱が特徴で、小樽市都市景観賞も受賞している。運河の長さは約1300メートルで、明治から大正期に建てられた倉庫群を散策路から目にすることができる。

＊1：若狭瓦は小浜城築城（1601-1642）の際に御用瓦として製造されたのが始まりで、明治時代に全国に流通した。現在、工業製品としては製造されていない

正面右手の建物が最初に建設された倉庫。増築を重ねて中庭を囲む大倉庫となり、総床面積は2000平方メートルを超える。中央のれんが造りの棟は北前船寄港地の名産品などを販売する小樽百貨UNGA↑が入る

商都の変遷を映す水面もまた絶えず

「うちの会社や、自分の一族がこの一帯を切り拓いてきたんだ、なんていう自負は全然持っていないんです。思い入れとして語るなら、私はこのエリアとその物語のファンのひとり。そういう立ち位置ですね」

北海道を代表する観光エリアとして広く知られ、国内外からの観光客で賑わう小樽運河。歴史ある建物群を縫うように走る水路とその周辺は、四季それぞれに異なる表情を見せ、再訪の気持ちを掻き立てる。行き交う人々の笑顔に釣り込まれるように、小樽倉庫株式会社の第6代代表取締役・山本みゆきさんも目を細める。

「小樽運河の建物群は漁業や貿易、物流など、港湾産業に必要な施設として造られてきましたので、うちの先代たちも、他の会社の方々も『将来的にここは小樽の観光名所になるんだよな』と考えながら建ててきたわけではありません。ですが、こうやって多くの方々が散策して、楽しんでいる姿を見ると、やっぱりこのために造られてきたのかも、なんていう錯覚に捉われてしまう。不思議な空間ですよね」

江戸期において北海道（蝦夷地）―本州間の物資輸送を担っていた北前船（きたまえぶね）交易は、道南の松前藩（まえはん）（＊1）を拠点とし、場所請負制（ばしょうけおいせい）（＊2）という北海道特有の制度で取り引きされていた。1869（明治2）年に開拓使判官の島義勇（しまよしたけ）がこの制度を撤廃し、船の航行を管理する海関所のひとつを小樽に開いたことから、交易地・小樽の発展が始まる。

小樽港は1889（明治22）年に特別輸出港に指定され、5年後には特別貿易港、そして1899

正面右手は現在、小樽市総合博物館運河館として運営されている。その展示のひとつとして、倉庫のミニチュア模型が置かれている

（明治32）年には国際貿易港に指定されるなど、船舶の寄港と取り扱う貨物の量が急増していく。道南を拠点としていた商人の中から小樽に移転する者が次々と現れ、まちは商都として発展を遂げる。

小樽隆盛の機を見た加賀（現・石川県南部）の北前船主・西谷庄八氏（＊3）は1889（明治22）年に西谷支店を設立。これが小樽倉庫の前身である。3年後、西谷氏は同郷の西出孫左衛門氏とともに600坪の倉庫を設け、小樽倉庫株式会社を興す。1895（明治28）年に設立登記。北海道初の法人倉庫会社になった。

「創業から10年後に山本久右衛門（＊4）が会社経営を引き継ぎました。久右衛門は当時、松

1889（明治22）年に埋め立て完了した南浜地区に倉庫建築を構想し、翌春に建設が始まった。写真は1893（明治26）年11月12日の開業式の模様（小樽倉庫株式会社提供）

前藩で海運業を営んできたのですが、小樽の商機を見てとり、この地に移ってきました。以降、山本家が家業として倉庫業を継承しています。よく聞かれるのが『倉庫業って、いったい何をする会社なの？』という質問です。体育館みたいな大型の建物をいくつも造って、物を預けに来た人にその空間を貸し出すというイメージが強いのですが、じつは『運び込む』『保管・管理する』『運び出す』という物流に関わる事業のほとんどを担っています」

倉庫業が担う守備範囲そのものは創業時から大きく変わらないが、設備や環境には目に見える変化があったと山本さんは振り返る。

「和式帆船の接岸操作が難しかったことや、接岸場所が足りないなどの事情ではしけ（＊5）と呼ばれる輸送船を使って荷揚げしていました。大正期に入り、小樽港の取り扱う荷量が急速に増えたことから、はしけの行き交いをより効率的にしようと小樽運河が造られました。1923（大正12）年に完成したこの運河は、内陸を掘り込むのではなく、海岸の沖合いを埋め立てて造られたので緩やかに湾曲しているのが特徴です。運河沿いの建物にはそれに合わせて壁面を湾曲させているものもあり、他の都市の港湾部には見られない独特の柔らかな雰囲気を生み出しています。しかし昭和に入って埠頭の岸壁が整備

博物館から出入りできる中庭。倉庫として使われていた際は、保管している商品や物量が通りや他店から見えないように、この場所で荷さばきしていた

され、大型船も入港して接岸できるようになったため、小樽運河はその使命を終えることになりました」

　用途を失った運河は、モータリゼーションのうねりを受けて、道路への転用が検討される。1966（昭和41）年、小樽市は運河を埋め立てて道道臨港線を建設する都市計画を決定。倉庫の取り壊しや道路の整備が進むなか、市民有志によって運河の保存運動が立ち上がる。

　廃止・再開発か、存続保全か──。まちを二分しかねない論争にまで発展したのち、1986（昭和61）年に運河の一部を埋め立てて、散策路などを整備する形にまとまり現在の姿となった。

　「運河を取り巻く環境同様、流通業のスタイルも昭和の時代に大きく変わりました。道内の輸送網も船舶から陸上輸送に変わり、当社も昭和30年代からトラック輸送に大きくシフトしました。時代の機に敏感であるという黎明期以来の感覚を受け継いでいるのでしょう。代々の経営者たちのフットワークも軽く、歴史や伝統に捉われず、その時々の最良の道を採ることに躊躇はありませんでした。運河周辺にあった旧倉庫群も手放し、現在は飲食店などとして活用されています。父の英断だったと思うのは、小樽倉庫の創業以来、90年にわたって本社として使ってきた建物を小樽市に譲渡したことですね。建物は歴史的建造物の指定を受け、市立博物館や

＊1：1604（慶長９）年、現在の松前町を居所に日本最北の藩として成立。寒冷で米ができないため、石高でなく、蝦夷地でのアイヌとの交易権が藩財政に当てられた

＊2：松前藩は成立以来、家臣にアイヌ民族との交易場を与える商場知行制を採っていたが、1700年代に資金力を持つ大商人が台頭すると、家臣は交易権を商人に譲渡し、代償として毎年一定額の運上金を受け取る場所請負制に移行した

＊3：西谷家は代々回船貿易に従事し、江戸─松前間を往復していた。5代目の庄八は、小樽港に支店を設け、物産と海運の２部制で営業。汽船の北海丸と小島丸を新造するなど、小樽の港湾振興の立役者となった

「わたしは船酔いしやすいので、運搬がはしけの時代だったら仕事にならなかったかも」と笑う山本みゆき社長

物産館として保存されることになり、現在も運河エリアに欠かせない観光スポットになっています」

　現在、小樽運河周辺で観光資源となっている建物群のほとんどは、創建当時の用途とは異なる営業形態で運営されている。時代を読み、時流を受け止め、社会の動きに柔軟に対応する。それこそが明治初期から連綿と続く商都小樽の流儀だとも言える。

「会社勤めだった父は、子どもの頃の私に生家の小樽倉庫のことをほとんど語りませんでしたし、父自身も継ぐとは考えていないようでした。函館で暮らしていた時に突然、父が第5代代表を務めることになり、小学校4年の時に家族で小樽に移ることになりました。サラリーマンだった父が社長となり、黒塗りの車が迎えに来て驚いたのと、倉庫会社ってなんだろうと不安だったのを覚えています」

　旧小樽倉庫の南側（正面向かって左）の小樽市観光物産プラザ（運河プラザ）は2024年3月に契約期間を満了し、営業を終了した。これから大規模な改修に入り、市は新たな入居者を募る予定だ。旧小樽倉庫の新たなページが始まる。

「運河エリアも変わっていくし、小樽も変わっていく。私も会社も変わっていく。時代とともに変わるのは自然なことです。でも変わるということに自覚的であればあるほど、これまでが愛おしくなるし、これからが楽しみになる。そういう眼差しをこれからも大事にしていきたいなと思っています」

旧小樽倉庫から歩いて5分ほどにある小樽倉庫株式会社本社。社屋左手には私設資料館の小樽倉庫資料館を開設、倉庫群の歴史写真や荷役作業の用具などを展示している（事前予約推奨）

＊4：松前や江差で味噌などを販売していた山本家は、2代目久右衛門が北前船を購入し、本州との交易を開始。小樽倉庫を継承したのは3代目久右衛門で、後に北日本汽船の設立に関わる
＊5：港によっては水深を十分に確保できない、などの理由から、積み荷を平底の船舶（はしけ）に乗せ換えていた。港湾内だけでなく、河川や運河など内陸の水路も往来した。現在でも用いている港がある

1.旧小樽倉庫から南に300メートルほどにある旧小樽倉庫№1、№2。こちらも現在は別の事業者が運営し、飲食店が入居している　**2**.船上からの観光が約40分にわたって楽しめる小樽運河クルーズは、旧小樽倉庫の斜め向かいの中央橋が発着場所になっている　**3**.倉庫群を中心とした歴史的な建築物が約1.3キロの運河沿いに並ぶ。散策路は四季それぞれの装いで来訪者を楽しませる

4

6

4.四方を石壁に囲まれた中庭は、運河通りの喧騒や国道の車の走行音から切り離された静謐な空気が心地良い。館内4か所から出入りが可能　5.博物館の突き当りの壁一面には、隆盛の頂点とも言える大正期の小樽運河を映した写真が広がり、当時の生活道具などが展示されている　6.博物館運河館のアーチ門と扉。本館は旧小樽交通記念館跡地（小樽市手宮1-3）にあり、鉄道関連の展示が充実している　7.北前船の模型や、ニシン漁の漁具、復元された商家など、小樽のあゆみに関わるさまざまな展示を楽しむことができる

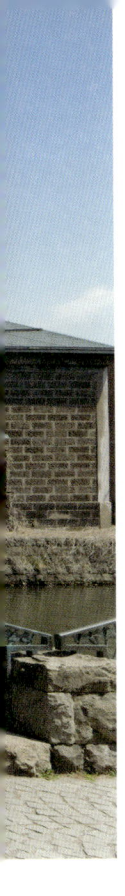

5

7

INFORMATION

小樽百貨UNGA↑
小樽市色内2-1-20　☎0134-65-8150
営業時間：11:00〜18:00
定休日：年末年始

小樽市総合博物館運河館
小樽市色内2-1-20　☎0134-22-1258
開館時間：9:30〜17:00
休館日：年末年始

運河北エリアのシンボル
竣工100年の旧倉庫

	旧北海製罐（株） 小樽工場第3倉庫
場所	
竣工	1924（大正13）年

#小樽運河譚

ライトアップに浮き上がる第3倉庫。小樽運河の北エリアの象徴的な建物として保全・活用が検討されている

小樽運河を拠点に市内中心部の名所を走る観光人力車。この建物も周遊コースのひとつになっている

旧北海製罐（株）小樽工場の第3倉庫は、小樽運河が完成した翌年の1924（大正13）年に竣工。明治末期に始まった北洋漁業の隆盛を機に、1921（大正10）年に設立された北海製罐倉庫株式会社（現・北海製罐株式会社）の文字通り3番目の倉庫にあたる。

歴史的アイコンとして残る運河沿いの倉庫の多くが木骨石造であるのに対し、全長約100メートル、鉄筋コンクリート造4階建ての威容は際立つ。奥行は手宮側の北面が約20メートル、札幌側の南面が約15メートルで、各階を5つの収納室に分けている。最も荷重がかかる1階の柱は一辺90センチの四角形、2、3階を81センチ、4階を51センチと順次細くしている。運河側の外壁にはそれぞれの階に片持ちスラブ（＊1）が張り出し、完成した製品を運搬船に搬出するためのスパイラルシュート（＊2）やリフト、作業員が上り下りする鉄骨階段などが取り付けられている。

令和3（2021）年、老朽化を理由に同社が解体を小樽市に申し入れると、建物を惜しむ市民から存続を求める声が多く上がる。その動きを背景に翌年、倉庫は市に無償譲渡される。その後、NPO法人OTARU CREATIVE PLUSが立ち上がり、第3倉庫の将来的な利活用を見据えた社会実証実験や活用シンポジウムの開催など、多世代が気軽に参加できるイベントを開催。街並み保全を「ジブンタチごと」として考える良い機会を生み出している。

INFORMATION
—
旧北海製罐(株)小樽工場第3倉庫
小樽市港町4-6
☎0134-32-4111（小樽市建設部）

形状の異なる2基のスパイラルシュートが、運河に面した片持ちスラブの上の階と下の階をつないでいる

＊1：鉄筋コンクリートで造られた構造床(スラブ)の一端のみが固定されているもの
＊2：荷物などを適度なスピードで上階から下階に下ろすための螺旋形の滑り台
※夜間は照明が灯る。運河の散策路などから外観を見ることは可能だが、敷地や建物には立ち入ることはできない

INTERVIEW ⁰³

MURORAN

—

潮風の香る対の円形校舎

—

旧室蘭市立絵鞆小学校・
円形校舎

#学舎未来図

DATA

開校	1892（明治25）年
竣工	教室棟：1958（昭和33）年 体育館棟：1960（昭和35）年
設計	坂本鹿名夫（建築綜合計画研究所）
構造	鉄筋コンクリート造3階建て

手前は柱が張り出す重厚な造りの体育館棟。奥は柱を内側に置き、外観の丸みを印象付ける教室棟

ILLUSTRATION 　図解

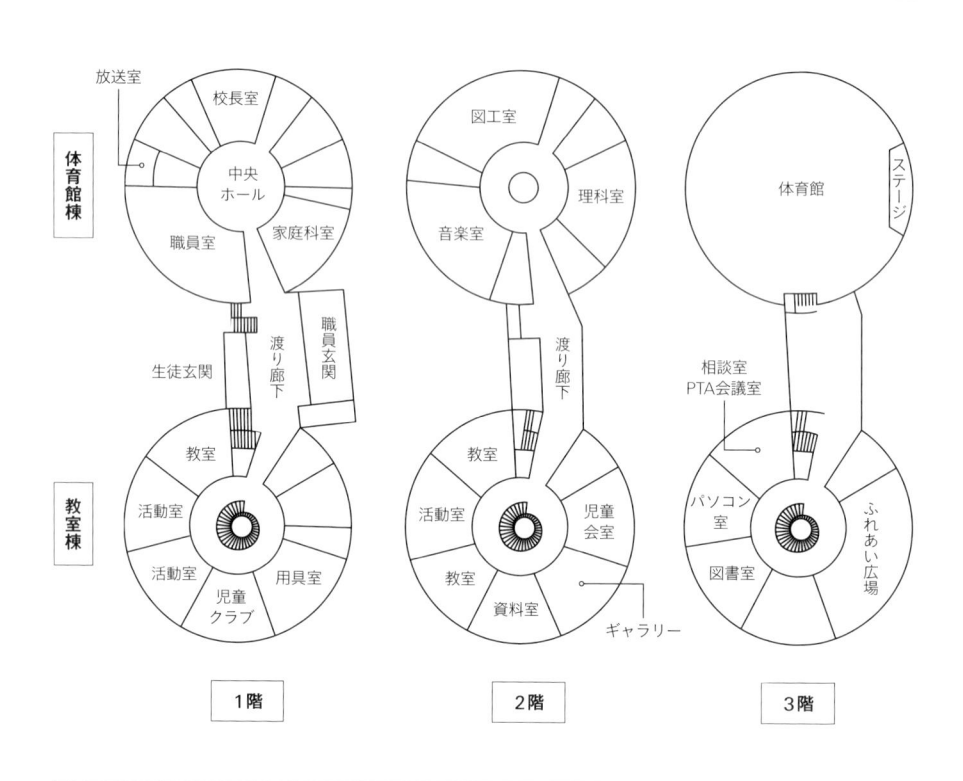

体育館棟 / 教室棟

放送室／校長室／中央ホール／職員室／家庭科室／生徒玄関／渡り廊下／職員玄関

教室／活動室／活動室／児童クラブ／用具室

1階

図工室／理科室／音楽室／渡り廊下

教室／活動室／教室／資料室／児童会室／ギャラリー

2階

体育館／ステージ／相談室 PTA会議室

パソコン室／図書室／ふれあい広場

3階

HISTORY 　歴史

大正5年（1916）
室蘭市祝津町に移転。長年親しまれた「絵鞆」の呼称を引き継ぎ、絵鞆小学校として開校

昭和35年（1960）
体育館棟を竣工

令和2年（2020）
室蘭市が体育館棟を一般社団法人むろらん100年建造物保存活用会に売却

明治25年（1892）
室蘭市絵鞆で、室蘭常盤学校絵鞆分校として開校する

昭和33年（1958）
児童数の急増に対応するため立て替え実施。円形の教室棟を竣工

平成27年3月（2015）
閉校。122年の歴史に幕を閉じる

令和4年（2022）
教室棟全館を一般公開。教育委員会の委託で教室棟1階の縄文展示を開始する

教室棟の屋上部分

コンクリート壁の表面にれんがを貼った円形棟は、屋上の出入りに利用されていた。屋上からは白鳥大橋や室蘭の祝津地区、その向こうまでも見渡せる。観覧の際、強風や積雪の場合は屋上に出ることはできない。

独特な形の教室

児童たちは扇形しか知らないので不思議に思わなかったが、赴任してきた教員は使いづらいとこぼしていたという。児童数がピークの頃は、扇形に沿って机がびっちりと並び、教室の出入りも大変だったという。

積雪地域ならではの連絡通路

体育館棟には音楽室や図工室、職員室などがあり、児童も教員も2棟を頻繁に行き来していたという。特に積雪期において連絡通路の使用は必須だった。現在は体育館棟への出入りを限定しているため、行き来はできない。

コンクリート床に付いた足跡

教室棟1階廊下の足跡は建設の際、コンクリートが乾く前に入り込んだ猫によるもの。経年で床塗装が薄くなり露わになった。体育館棟の標本コーナーにあった「ふた つ首猫のホルマリン漬け」と絡め、化け猫伝説となる。

MEMO

全国でブームとなった円形校舎

円形校舎がこぞって造られたのは1950年代前半の20年にも満たない期間であり、詳細な記録は残されていない。70棟以上、建てられたうちの少なくとも14棟が北海道内とされる。

旧絵鞆小の特徴は2棟対で、現存する2棟対の校舎は絵鞆小と小樽市の旧石山中学校のみ。2002（平成14）年閉校の旧石山中は鉄筋コンクリート4階建てで、現在は立入禁止。

ドーム屋根を支える鉄骨が放射状に広がる。壁が曲線なのでドッジボールの際は方向感覚をつかめず逃げるのも投げるのも大変だったと村田さんは笑う

漁師町から工業地帯へ、祝津とともにあった学び舎

「中学生になって最初にびっくりしたことが『なんで校舎も体育館も四角いの?』ということでした」と、村田正望さんは懐かしそうに笑う。室蘭市内で情報システム・AI等の事業を営む会社の社長を務めながら、歴史的建造物の保存活動に取り組む。円形校舎として知られる旧絵鞆小学校もそのひとつで、村田さんはこの学校の卒業生でもある。

「教室棟と体育館棟という2棟並んだ円形校舎は国内でも希少な存在です。縄文期から続くこの地域の記憶のひとつとしての価値と、四季の中で2棟が生み出す景観としての価値、どちらも今後の室蘭に欠かせないと考え、保存と再活用を目指す活動を始めました」

村田さんが代表理事を務める一般社団法人むろらん100年建造物保存活用会(以下、むろらん100年)は、市内緑町で取り壊しの危機にあった旧三菱合資会社室蘭出張所(＊1)の保存活用を目的に2014(平成26)年に設立された。旧絵鞆小との関りは同年に始まる。2020(令和2)年には寄付金を財源に、解体の方向で進んでいた体育館棟を室蘭市から買い取る。2022(令和4)年からは市の委託で教室棟や敷地の管理も手掛け、見学者や郷土研究家、役目を終えた施設の再活用を模索する各地の人々の来訪に対応している。

1950年代前半からブームのように国内各地に誕生した円形校舎は、20年もしないうちに下火になる。敷地を無駄なく使える上、建築資材の費用も安くつくという喧伝された利点よりも、児童・生徒の机を扇形にしか配置できない、増

教室棟の中央部にあるコンクリート造りのらせん階段は屋上棟まで続く。既存の資材ではなく、現場で職人が作った部材を組み上げたという

改築が容易ではないという運用上の不便さが目立ったからだ。最盛期には国内に約130の円形校舎があったと言われるが、建物が残っているのは20程度で、ほとんどは解体済みか、朽ちるままの残置となっている。

円形校舎の生みの親とされるのは大成建設の設計技師・坂本鹿名夫氏。のちに独立して建築綜合計画研究所を設立し、全国で70以上の円形校舎の設計に関わる。北海道で建てられた14棟の円形小学校のうち、8棟が坂本の設計だ。円形病棟として1956（昭和31）年に誕生した市立室蘭病院伝染病棟を手掛けたという縁もあり、室蘭市は1958（昭和33）年の絵鞆小の移転新築の際、坂本の設計による円形校舎を採用、2年後には体育館棟も円形で増築した。

「教室棟は基礎部分が建物の内側に置かれているので、曲線が強調されスマートに映る。一方、体育館はがっしりしたドーム屋根と、それを支える柱が表出している重厚な造り。もちろん小学生の頃はそんなこと気にもしていませんでしたが、あらためて建築物として鑑賞すると、2棟が並ぶ美しさは格別ですね」

学校の敷地は縄文から続縄文時代にかけて貝塚があった場所で、土器や人骨も発掘されている（＊2）。教室棟には出土した縄文土器など約170点を展示する部屋を設けて展示するほか、縄文文化をテーマにしたフォーラムや発掘の体験会も実施している。

絵鞆という呼称はアイヌ語の「エンルム」（岬）に由来する。

「ここは室蘭の祝津という地区で、絵鞆地区はとなりの高台にあります。そこに住んでいたアイヌ民族の押杵帯九郎（オビシテクル）さんが1892（明治25）年に自宅を学校として開放し、常盤学校絵鞆分校として開校したのが始まりです（＊3）。漁業

が盛んになり、祝津の人口が増え、この場所に移転したのが1916（大正5）年。その際に、親しまれた校名を使い続けることになったのです」

明治期の絵鞆での開校から122年、祝津の円形校舎の創建から57年。長きにわたって児童の学び舎となり、地域にとってはシンボルとなってきた絵鞆小は2015（平成27）年に閉校。室蘭市は当初両方の建物を残す方針だったが、耐震基準を満たす教室棟のみ保存活用し、基準を満たさない体育館棟は解体の方針を採った。

「そこからの三木さんの頑張りがすごかったんですよ。一度解体してしまうと、あとで悔やんでも取り返しがつかない。そういう思いがすぐに行動に移るんです。あっという間にクラウドファンディングを立ち上げましてね」

そう言いながら村田さんは、事務室入口で見学希望者の対応をしている三木真由美さんを見やる。むろらん100年の理事を務める三木さんは、NPO法人室蘭NPO支援センター理事長としての顔も持つ。

「室蘭は、北海道で唯一、製鉄所がある『鉄のまち』です。絵鞆小教室棟の屋上からは近くの造船所や港を埋め尽くす工場群が見えます。一方で、この地区は美しい景観を持つ海岸線や、イルカやクジラが子育てをする噴火湾に臨んでおり、人々が憩いの時を過ごす場でもあります。近代工業と自然を取り持つ拠点として、ユニークな外観と長い歴史を持つ円形校舎が機能していけば、これからの室蘭の在り方を市民や来訪者に示せると思います」と笑顔を見せる。

むろらん100年副代表理事の山田正樹さんが言葉をつなぐ。「旧三菱合資会社室蘭出張所の保存をきっかけに私たちが団体を設立して活動を始めたのは、室蘭港の石炭積み出しに関わった歴史のあるこの建物を保存し、活用することで室蘭の歴史を伝え、未来につなげていきた

上／屋上から見える白鳥大橋。室蘭港をまたいで、祝津町のある絵鞆半島と室蘭市陣屋町の対岸を結ぶ東日本最大の吊橋　下／体育館棟にて右から三木さん、村田さん、山田さん。室蘭市内の歴史的建築物の保存活用に取り組む

い、という思いがあったからです。旧絵鞆小も同様で、室蘭のこれからに必要な歴史遺産であり、保存活用すべき建物だと考えています」

三木さんが中心となって進めたクラウドファンディングを含め、最終的に寄付は1900万円に迫る金額になった。それらを財源に室蘭市と2020（令和6）年10月に体育棟の売却契約を結ぶ。契約では5年以内に耐震設計を提示し、10年以内に改修工事をすることが盛り込まれており、今後はさらなる資金が必要だ。

気が抜けない状況ながらも3人ともどこか飄々として穏やか。肩肘張った印象は受けない。「僕もそうなんですが、『ここに来るとカチカチになっていた心が丸くなる』という人が多いですね。大きな丸いものに触れると、気持ちが落ちつくのかもしれません。円形小学校の利点のひとつに挙げる価値は十分にあると思いますよ」と、村田さんが今日一番の笑顔を見せる。

＊1：1915（大正4）年竣工、木造2階建て。明治・大正期の下見張りの外壁や、格子入りの上下窓など当時の建築様式が見られる。三菱鉱業の室蘭営業所として利用され、現在はむろらん100年が所有。2019年、日本遺産構成文化財に登録
＊2：祝津や絵鞆地区で発掘された土器や石器、住居跡などから、約7000年前に人が住み始めたとされている。絵鞆地区では2000年前の続縄文期の人間の頭蓋骨も発見されている
＊3：絵鞆分校の開設前は、地域の児童は常盤学校まで4キロ以上を歩いて通学していた。積雪期は通学が難しいことから、押杵氏は分校の開校前から自宅で寺子屋式の私塾を開いていたと言われている

四季折々、そして朝昼夜とさまざまな表情を見せる。真夏の日差しも厳冬期の風雪も耐えしのいできた学び舎の風格に魅せられる

1.室蘭市立絵鞆小学校の学校銘板が貼られた門柱脇を通り校舎へ。映画やドラマの舞台としても登場し、フィルムコミッションとしても期待される　2.2023（令和5）年に実施したアートイベントの作品を残したもの。児童がいた現役時の雰囲気が感じられる　3.静謐あるいは重厚という印象を受ける体育館棟の階段。教室棟中央の鮮やかな、らせん階段との好対照を見せる

4

5

4.教室棟の屋上棟では、校舎の周り360度が見渡せる。それぞれの柱に児童の描いたデザインがあしらわれている　**5**.らせん階段に埋め込まれた真鍮製の階数表示。この階段は登り専用で、下りは別の階段を使っていた時期もある　**6**.1957(昭和32)年頃の建築時。鉄筋を円形に這わせる作業で、ヘルメットではなく帽子姿というのに時代を感じる　**7**.3階部分まで建設が進んだ教室棟。この頃は周囲の住宅もまだ多くなかった

6

7

INFORMATION

旧室蘭市立絵鞆小学校・円形校舎
室蘭市祝津町2-7-30　☎080-8503-3187(土日祝、夏休みは10:00〜16:00)
開館時間：10:00〜16:00(3〜10月の土日祝、夏休みの平日)　※年度により異なる
体育館棟は11:00〜、14:00〜のツアーのみ　休館日：上記以外

1980〜1990年まで音威子府
駅の前に置かれた砂澤ビッキ
の作品「オトイネップタワー」
が老朽化で倒壊した後、切断
して保存公開されている

「森と匠の村」に建つ
造形作家のアトリエ

エコミュージアムおさしまセンター・
BIKKYアトリエ3モア

場所 | （旧音威子府村立筬島小学校）

竣工 | 1935（昭和10）年

#学舎未来図

左／激しい熱量と静謐を併せ持つビッキの作品群は、観る者を圧倒する。校舎だった時代、この空間は職員室として使われていた　右／笈島地区は大正期から林業や農業で栄えてきたが、現在の人口は10人を切っている。BIKKYアトリエ3モアは北海道大学研究林に囲まれた笈島地区に建つ

音威子府村の人口628人（2024年4月現在）は、北海道179市町村で最も少ない。村の名はアイヌ語の「オトイネプ」（川口が泥んこの川）に由来し、幕末の探検家・松浦武四郎（まつうらたけしろう）は、この地でアイヌの古老と語らい「ほっかいどう」の名を考案した。「森と匠の村」を掲げる音威子府は、豊富な森林資源を生かした工芸による村おこしを進めており、生徒の99％が村外出身という村立北海道おといねっぷ美術工芸高等学校では、若き匠らが寮生活を送りながら技術を磨く。その精神的支柱とも言えるのが、自然や生命を主題に独創的な活動を続けた異色の彫刻家・砂澤ビッキ（1931年3月6日〜1989年1月25日）だ。

北海道旭川市（あさひかわ）生まれ。22歳の時に木彫を始め、鎌倉での活動を経て1959（昭和34）年に北海道に活動拠点を戻し、1978（昭和53）年に音威子府村に移り住む。閉校となった笈島小学校をアトリエ兼住居とし、素材となる巨木を「同胞」と呼び、作品制作に打ち込んだ。

村に愛され、村とともに生きた造形作家が57歳で早世した15年後、村はかつてのアトリエを美術館「アトリエ3モア」として開館。生涯にわたり制作した約1000点の作品のうち約200点を展示。「森と匠の村」に触れるべく、この地に足を運ぶ来訪者を迎え入れている。

INFORMATION
―
エコミュージアムおさしまセンター・
BIKKYアトリエ3モア
音威子府村字物満内55
☎01656-5-3980
開館時間：9：30〜16：30（4/26〜10/31）
休館日：月（祝の場合は翌日）、冬季

病院で死去したビッキの亡骸はこのアトリエに運ばれた。その時に友人たちの手で作られたデスマスク（石膏などで顔の型を取ったもの）が展示されている

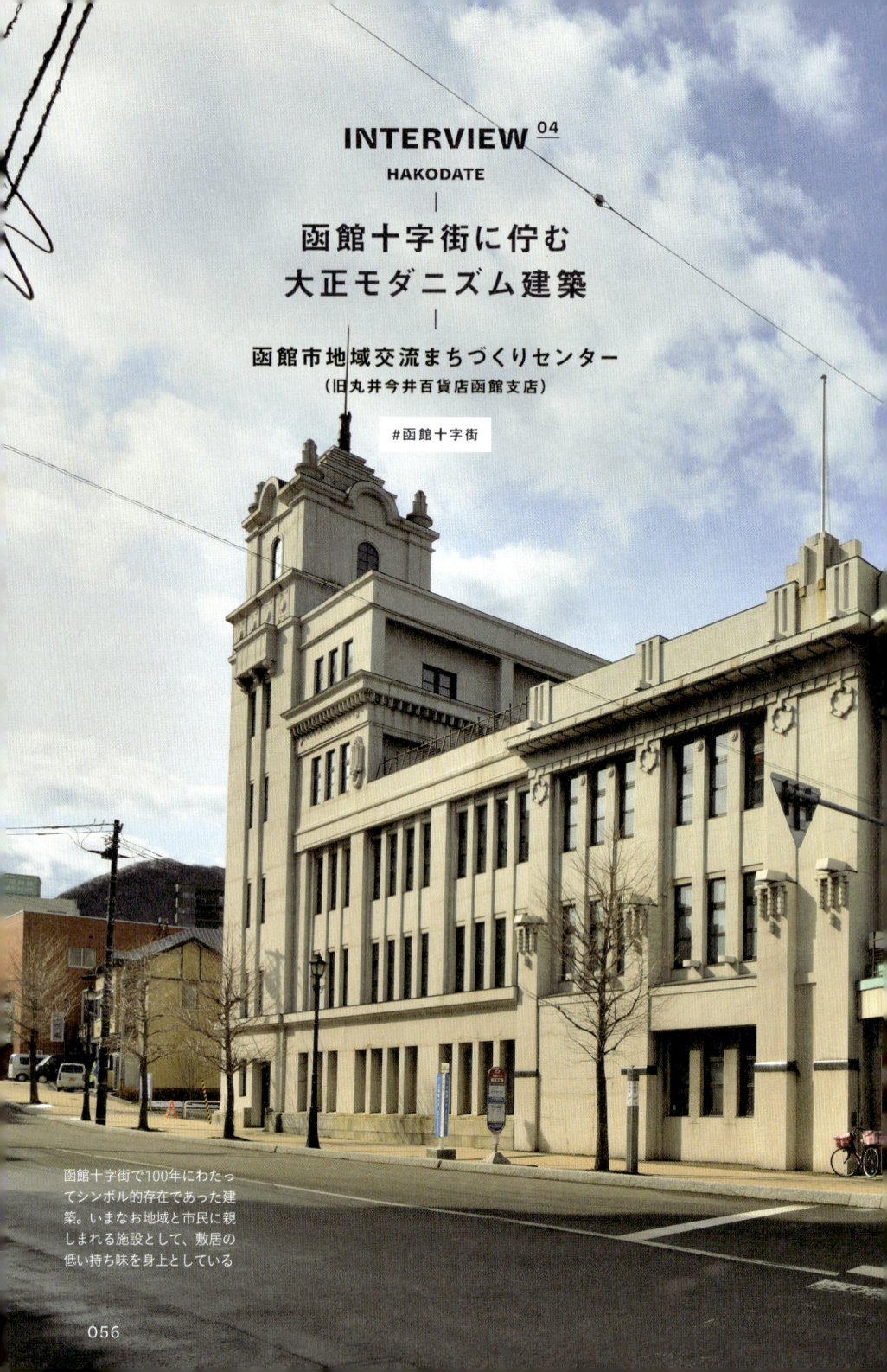

HAKODATE

—

函館十字街に佇む
大正モダニズム建築

—

函館市地域交流まちづくりセンター
（旧丸井今井百貨店函館支店）

#函館十字街

函館十字街で100年にわたってシンボル的存在であった建築。いまなお地域と市民に親しまれる施設として、敷居の低い持ち味を身上としている

DATA

創業	1892（明治25）年
竣工	1923（大正12）年
設計	佐藤吉三郎、木田保造（木田組）
構造	鉄筋コンクリート造3階建て

ILLUSTRATION | 図解

平面図　※2007年以降

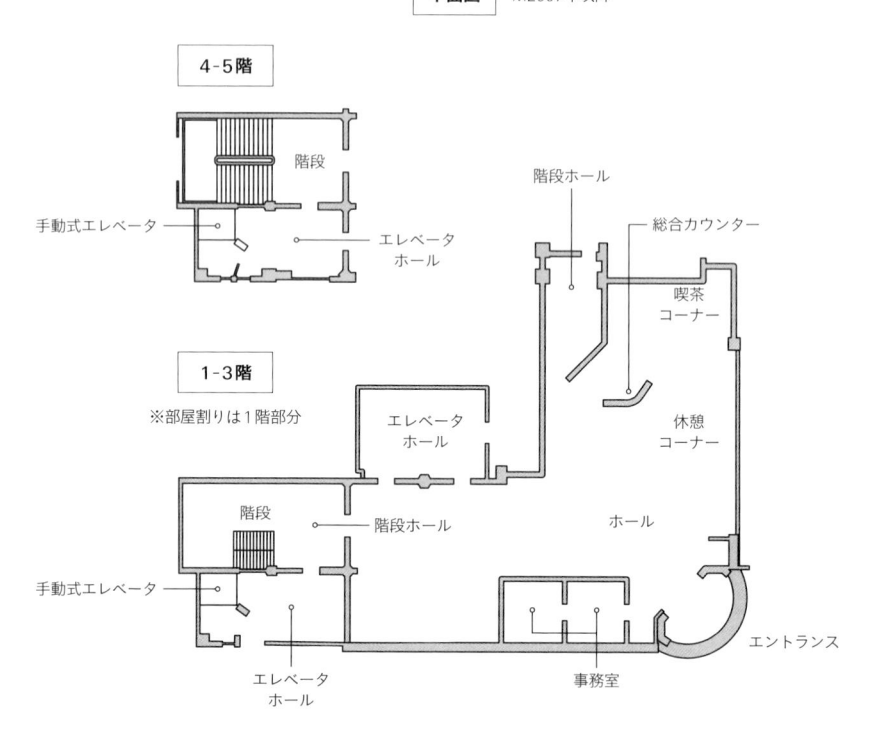

4-5階

階段

手動式エレベータ

エレベータ
ホール

階段ホール

総合カウンター

喫茶
コーナー

1-3階

※部屋割りは1階部分

エレベータ
ホール

休憩
コーナー

階段

階段ホール

ホール

手動式エレベータ

エレベータ
ホール

事務室

エントランス

HISTORY | 歴史

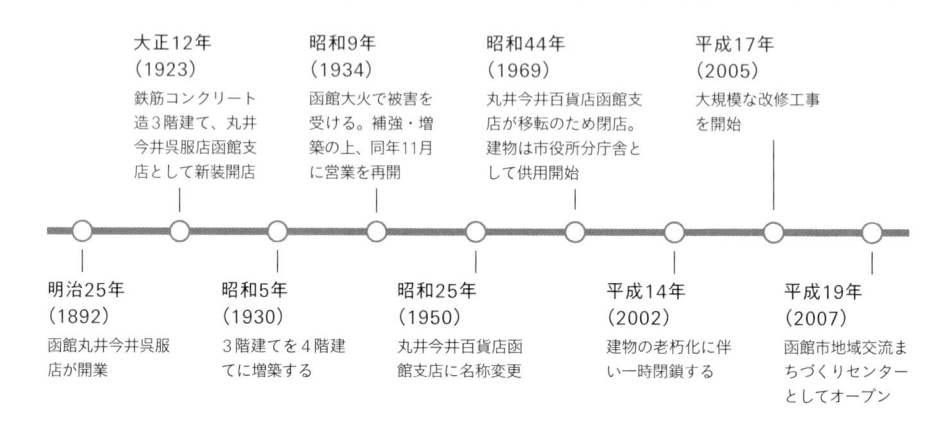

大正12年
（1923）
鉄筋コンクリート
造3階建て、丸井
今井呉服店函館支
店として新装開店

昭和9年
（1934）
函館大火で被害を
受ける。補強・増
築の上、同年11月
に営業を再開

昭和44年
（1969）
丸井今井百貨店函館支
店が移転のため閉店。
建物は市役所分庁舎と
して供用開始

平成17年
（2005）
大規模な改修工事
を開始

明治25年
（1892）
函館丸井今井呉服
店が開業

昭和5年
（1930）
3階建てを4階建
てに増築する

昭和25年
（1950）
丸井今井百貨店函
館支店に名称変更

平成14年
（2002）
建物の老朽化に伴
い一時閉鎖する

平成19年
（2007）
函館市地域交流ま
ちづくりセンター
としてオープン

風格ある階段とベンチ

ワンランク上のショッピング体験を函館にもたらせた、その心意気がうかがえる階段。地場レストランの雄として名を馳せ、百貨店の最上階でオープンしていた五島軒が、当時使っていたベンチもさりげなく置かれている。

階段手すりの意匠

階段手すりにあつらえられたレリーフ。この大階段は大理石をふんだんに使い、天井には優美な装飾を施すなど、細部にまで意匠を凝らした心遣いがうかがえる。百貨店黄金時代を真正面から受け止めた証とも言える。

4階部分が切り取られた跡

現状を生かすか、原点回帰か、それとも新機軸の様式をまとった建築にするか。大規模改修の際に討議が重ねられ、最終的に出た結論は創建時の姿形。ばっさりと4階部分を切り取った屋上には正方形の柱の切り口が並ぶ。

シンボリックな屋上棟

通りから、屋上角にシンボリックな丸屋根の棟が見える。創建時は展望室として人気を博した。現在は電気設備の収納施設。薄緑のドーム屋根がもたらす柔和な印象は、鉄筋コンクリート造独特の無機質さを親しみに変える。

MEMO

外観デザインの変更

百貨店の大衆化の潮流に乗って新店は活況に沸き、1930（昭和5）年に既存部を4階建てにし、さらに隣接して5階建てを増築（現在のエレベータホールがその名残りを留める）。その際に外観デザインを、エントランス周辺などに幾何学的な装飾を施すセセッションスタイルから、左右対称と調和を重視し、シンプルな造りのルネサンス様式に変えた。

屋上から函館山方向を臨む。屋上と言っても、かつて4階フロアがあった部分を取り外したもの。立入禁止のため、特別な許可を得て撮影

みんなのための場所であり続ける

　許可をもらい屋上に出る。デパート隆盛の時分に建てたのだから、そこには遊具やパーラーといった家族連れやカップルの一日を彩る仕掛けがあったはずだ。開店から101年、閉店からが50数年が経っていても、その名残りや片鱗ぐらいは見つけられるかもしれない。しかしそれらしい跡は皆無で、敷き詰められた防水シートのあちこちから80センチ四方、高さ20センチぐらいの立方体が突き出ている。

　「20年前の大改修で、4階から上を切ったんですよ。柱の名残りですね」

　函館市地域交流まちづくりセンターセンター長、仙石智義さんがひとつを指差す。この建物の管理責任者でもある。屋上の手すりまで歩き、眼下に広がる十字街の街並みに昔の姿を想像し、重ねてみる。

　箱館戦争（＊1）とともに、このまちの明治は始まる。旧幕府軍の本拠地である五稜郭のみならず、各所で硝煙と血しぶきがあがる一方で、約2万人が暮らすこの商都は、北海道の玄関口にして道内人口の3分の1を擁する最大都市という栄華にも浴していた。

　その頃、札幌は定住者が2世帯7人という名も知れぬまちだった。だから1886（明治19）年に札幌に北海道庁が置かれ、1940（昭和15）年に人口で抜かれてもなお「我がまちこそ道都」という函館市民の自負は引き継がれていった。昭和の中期を過ぎても年配者の少なからずは、旅人や出張で訪れたビジネスマンに「ここ（函館）より奥に行ったって、なーんにもないよ」と真顔で語ったという。

　そんな市民にとって、「十字街」は長らく発展

柱から放射状に広がる梁と、その合間を走るダクトは施工時期が異なるが、天井部分において不思議な一体感を生み出している

と繁栄のシンボルだった。この建物が丸井今井呉服店函館支店として1923（大正12）年に新築開店した頃、函館十字街は国内有数の繁華街として、その名を全国区にしていた。十字街とは通称であり地名ではない。末広町の中で函館市電の本線（湯川―函館どつく）から宝来・谷地頭線が分岐する一帯を指す。分岐駅の十字街停車場で降りて函館山のほうに1分ほど歩けば、この歴史的な建造物を仰ぎ見ることができる。

　風格ある円形玄関から入る。建物内では市民活動やまちづくり活動のサポート、観光情報や地域情報の提供、定住・移住のための支援など、さまざまなサービスが利用できる。カフェで読書を楽しめるし、休憩スペースもある。

「大正の創建から令和の今日まで、運営者や用途の変更はありましたが、誰もが利用できる、みんなのための場所であることに変わりはない

んです」

　仙石さんが電停の市電に目をやる。降りて来たのはセンターの利用者かもしれない。

　仙石さんは市内亀田町育ち。「小学生の頃に親に連れられて十字街に来た時は、もう丸井さん（丸井今井百貨店函館支店）は五稜郭のほうの本町に移転したあとで、ここは市の分庁舎として使われていましたね」と振り返る。通常は使用していないが、実働するものとしては東北以北最古という手動式エレベータがセンターの奥にある。仙石さんはこれに乗った記憶もある。「エレベータガールもいましたね。最上階で五島軒がレストランを開いていた時期があったので、エレベータの利用者も多かったと思います。いまセンターの階段に、かつてレストランで使われていた椅子を休憩用として置いているのですが、たぶん、座った記憶があるという人もい

建物東側。全体を縦7列に分割すると、右から3列の3階建て部分が竣工時のもので、4〜7列目は増築と思われる

るはずですね」と笑う。

　1階のカウンターで業務に就いていると、センターを利用する高齢者から昔の話を聞くことも多いという。

「柱や階段など各所に昔の趣を残しているから、自然と思い出されるのかもしれません。丸井さんで買い物したとか、映画を観たとか懐かしそうに話してくれます」

　本州では「三越さん」とか「伊勢丹さん」などと、わざわざデパートに「さん」を付けたりしない。しかし道民にとっては「丸井さん」と呼ぶほうがお互いの通りが良い。敬称の理由は「ていねいでこまめな商売が人々の敬意を集めたから」という説が有力だ。

　1871（明治4）年、札幌の創成川（そうせいがわ）のほとりで小間物店の今井商店が開店し、2年後には移転・新築して丸井今井呉服店となる。1892（明治25）年には函館にも進出。しかし函館の店は開業以来、幾度も大火の被害を受けた。

　三方を海で囲まれる函館は、強い海風が火災を大火へと煽り立て、市内では明治から昭和戦前期にかけて少なくとも25件の大火が発生している。1923（大正12）年に新築した同店は当時最先端の耐火建築である鉄筋コンクリート造を採用するが、大火の容赦のなさは想定を上回った。1934（昭和9）年3月21日夜に民家で発生した火災は市内22か所に飛び火。末広町でも各所で延焼し、函館丸井今井呉服店では木造部分から建物内部へと類焼する。

　この大火で明け方までに市街地の3分の1が焼失。死者は2166人を数え、当時の人口の半数にあたる約10万人が罹災するという歴史的惨事となった。内部を激しく損傷した同店は当初、建物使用は困難と考えられたが、柱と柱を結ぶ交差梁の追加など内部の補強や増築を施し（＊

左／1934年3月の函館大火後に設置された東北以北最古の手動式エレベータ。通常は扉を閉じており、搭乗希望者はスタッフに申し出る　右／センター長として館の運営を担う仙石さん。高齢者が語る建物の思い出話に函館の歴史の奥深さを感じるという

2）、8か月後の11月に営業を再開。この時に完成した外観がその後、長らく親しまれ人々の記憶に残る"丸井さんの姿"となる。

　その後、中心市街地の人口減少による商業ゾーンの郊外化が進み、1969（昭和44）年に同店は本町の五稜郭公園電停前に移転。主不在となった建物は水道局や交通局が入る市役所分庁舎として使用される。2002（平成14）年には建物の老朽化による安全性の問題から一時閉鎖。解体か保全か。行政・市民・識者等による幾度もの討議を経て建物維持の方針でまとまり、2005（平成17）年から07年にかけて大規模な改修が行われた。

　「そこで問題となったのが『どの時代の外観にするか』だったそうです。創建時・増築時・大火後の再開時、3つの姿のいずれを採るのが一番良いのかと」

　再び討議を重ね、創建時の3階建てを基本とすることでまとまった。4階以上を切り取る一方で、各所に増築時や大火からの再開時の構造や意匠も採り入れた（＊3）。2007（平成19）年に函館市地域交流まちづくりセンターがオープンすると、時を置かず十字街の新たなシンボルとなり、周囲の古い建物にも動きが生まれる。「数年前からこのあたりの古いビルや住宅をリノベーションし、新しい事業や店舗を始める人たちが増えています。多世代で知恵を出し合いながら新しい十字街をつくっていけたらと思いますし、この建物に関わってきた方々の思いを未来につなぎたいと考えています。とはいえ、小学生の頃に訪れた時でさえ『えー、なんて古めかしいエレベーターなのだろう』と思った手動式エレベーターが今も残っていて、自分が管理を任されている、というのがなんとも不思議な感じです」と仙石さんは愉快そうに笑う。

＊1：明治元（1868）年から翌年にかけて、榎本武揚ら旧幕臣が函館五稜郭を拠点に臨時政府をつくり、新政府軍に抵抗した戦い。榎本の降伏によって終結。五稜郭の戦いとも呼ばれる
＊2：1934（昭和9）年の改修の際に、東洋オーチス・エレベーター（現・日本オーチス・エレベータ）製を設置。定員10名、積載量1000キログラム。動力は8キロワット交流モーター
＊3：現在の外観は、屋上ドームの再現や3階建てなどの創建時の仕様と、業務拡大で1930（昭和5）年に5階建てにした増築時の仕様（建物の南側）が組み合わさっている

1

2

3

1.陽が落ち、ライトアップされたセンター。荘厳な佇まいは函館十字街の歴史の象徴として、市民に親しまれている　**2**.**3**.建物のエントランスの今昔。右は歳末売り出しの看板を上げる丸井デパート（年代不明、函館市中央図書館提供）、左は現在の姿で柱が円柱になっている

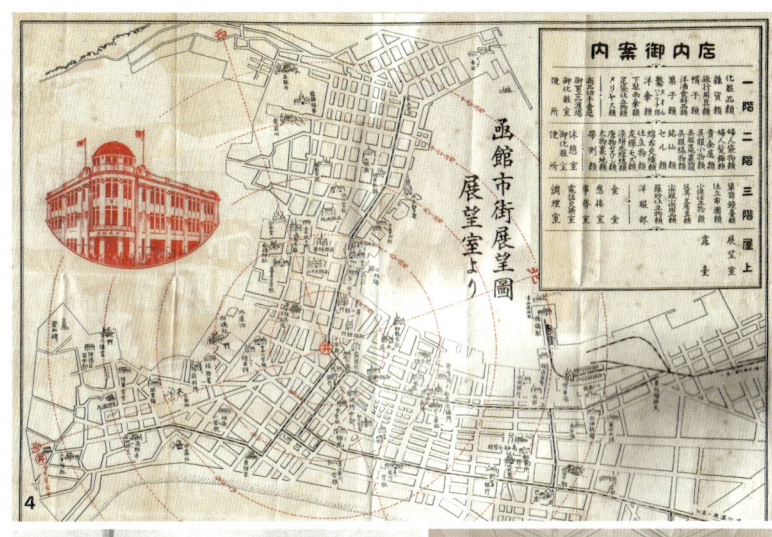

函館市街展望圖 展望室より

店内案御内案内

一階　化粧品　買物案内　下足御預所　御化粧室
二階　メリヤス類
三階　調理室
屋上　展望室

4.函館の名所・施設を紹介する『函館小観』(1938年発行、大正堂)の巻末付録は、展望室から見える函館市内を記している(北海道大学附属図書館蔵書)　5.上の付録では3階建てだが、この写真では4階部分が増築され、展望室の丸屋根もなくなっている(撮影年代不明)　6.大階段の踊り場に置かれているオレンジのソファ。かつて最上階でレストランを営業していた五島軒で使っていたもの　7.市民の憩いの場として世代を問わずに利用されているフリースペース。レトロ調のオーディオや時計が建物の雰囲気とマッチしている

INFORMATION

函館市地域交流まちづくりセンター
函館市末広町4-19　☎0138-22-9700
開館時間：9：00〜21：00
休館日：12/31〜1/3

建具や間取りを生かした、て
いねいなリノベーションによ
って味わい深く、居心地の良
い空間になっている

レトロとモダンが交差する
まちの文化拠点

場所	カルチャーセンター臥牛館 （旧大森海産店）
竣工	不明

#函館十字街

左／十字街電停を降り、観光名所の函館ベイエリアに向かう途中に建つ。多くの文化教室が入り、その利用者で日々賑わう
右／建物外観は90年を超える時代の蓄積を感じさせないが、中に入るとタイムスリップしたかのような感覚に捉われる

函館を紹介する際に使われる写真と言えば、それはかなりの確率で函館山山頂から見下ろした、くびれた地形と街並みではないだろうか。昭和期から世界3大夜景のひとつ、百万ドルの夜景と賞されてきた景勝は、その形からしばしば半島と間違えられるが、正しくは陸繋島（＊1）である。函館山とその周辺は本来、島であり、函館十字街はそのつなぎ、くびれ部分の中央部に位置する。

市電「十字街」電停で降りて海側、と言っても反対側もやはり海なので、函館山から見て左方向と言えば分かり良い。50〜60メートルほど歩くと、カルチャーセンター臥牛館と大きく銘打つ建物に出会う。ぱっと見は普通の4階建てビルである。ところが来歴、内観、運用とユニークな点を挙げていけば、函館どころか、道内でもなかなかお目にかかれない個性的な物件だ。函館大火（＊2）で登記簿が消失し、竣工年は不明だが、もともとは函館有数の海産商（＊3）・大森徳次郎氏が大

森海産店（当時は2階建て）として建てたものだ。函館大火で灰塵と化したこの地区において、焼失を免れた数少ない建物である。その後、所有者が6度変わり、増改築が行われてきた。

大正末〜昭和初期の竣工と目される建物だけあって、各部屋ドアの磨りガラス文様の多彩さ、年代物の取っ手や蝶番などの金物建具、むき出しの鉄管など、年齢層によって懐かしさ、あるいは新鮮さを感じる、味わい深い内観を目にすることができる。レトロとモダン混交の妙味はリノベーション（＊4）の功と言うべきだろう。

現在は株式会社ヒトココチが運営を担い、学童クラブや各種の文化教室、音楽事務所など、函館十字街の文化活動の拠点として市民を迎える。

INFORMATION
—
カルチャーセンター臥牛館
函館市末広町9-9　☎0138-86-6705
営業時間・定休日：テナントにより異なる

＊1：海岸近くの島によって海流が変わると波の静かな海域ができる。そこに砂が堆積していくと陸続きとなる。函館山およびその周辺は日本最大の陸繋島である
＊2：出火は1934（昭和9）年3月21日午後6時53分頃。最大瞬間風速約40メートルの強風にあおられ、またたく間に延焼。市街の3分の1が焼失し、2166人が亡くなった
＊3：日露戦争によってオホーツク海やベーリング海での漁業権が認められ、1920年代から函館を拠点にサケやマス、カニなどを水揚げする北洋漁業が始まる。沿岸のイカ釣り漁業の隆盛も手伝って多くの海産商が財を成した
＊4：2019年に所有権を取得した富樫雅行建築設計事務所が、建物全般にわたってリノベーションを実施。大正末〜昭和初期の味わいを残しつつ次代につないだ

SAPPORO

—

図書館から老舗菓子店へ
建築家がつなぐ貌

—

北菓楼札幌本館
（旧行啓記念北海道庁立図書館）

#図書館探索

北海道神宮の表参道でもある
北1条通りのシンボル的建築
物。直線的な佇まいは区画が
碁盤の目になっている都心部
によくなじむ

DATA

創業	北菓楼札幌本館：1991（平成3）年
竣工	1926（昭和元）年 ※リノベーション：2016（平成28）年
設計	萩原惇正（北海道庁建築課） ※リノベーション：安藤忠雄（安藤忠雄建築研究所）、竹中工務店
構造	鉄筋コンクリート造、れんが造 地上2階建て・地下1階 ※リノベーション：鉄筋コンクリート造、鉄骨造、組積造

ILLUSTRATION | 図解

平面図　※行啓記念北海道庁立図書館の開館時

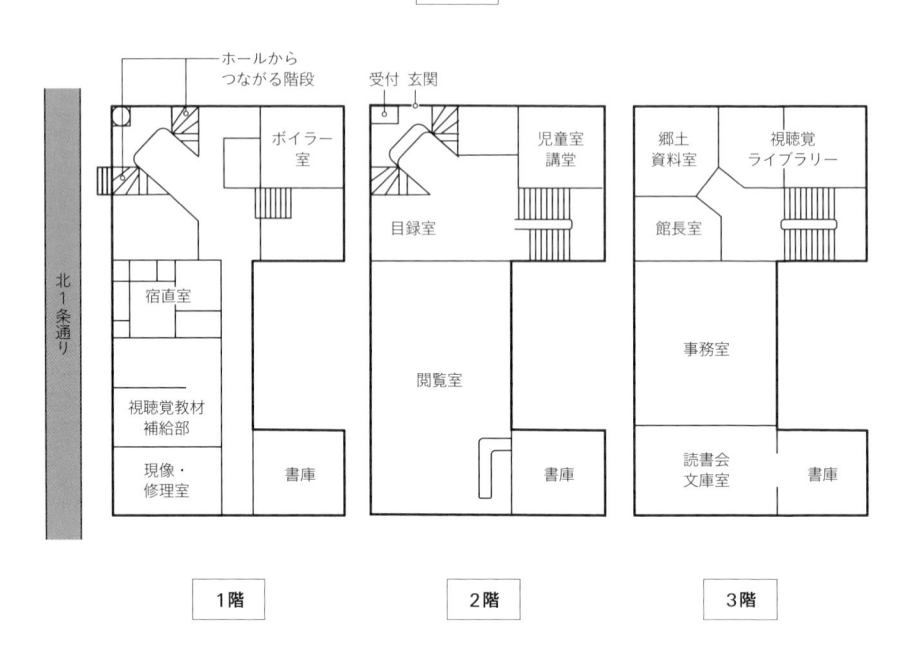

1階　**2階**　**3階**

HISTORY | 歴史

大正15年
（1926）
北海道庁立図書館として開館する

昭和52年
（1977）
北海道立美術館が移転。建物は北海道立三岸好太郎美術館となる

平成28年
（2016）
リノベーションを経て北菓楼札幌本館となる

大正11年
（1922）
摂政宮殿下が北海道を行啓

昭和42年
（1967）
北海道庁立図書館が北海道立図書館と改称・移転。建物は北海道立美術館となる

昭和58年
（1983）
北海道立三岸好太郎美術館が移転。建物は北海道立文書館別館となる

STRUCTURE | 構成

創建時そのままの旧玄関

竣工当時の姿をそのまま留めている旧玄関ホールの南向きのドアと階段。西向きにも同様のドアがあり、ともに創建時の金属製の取っ手を取り付けている。店舗に出入りする玄関は建物の東端に新設されている。

ホールからつながる階段

同じく創建時そのままの姿が維持されている旧玄関ホール。1階店舗から2階のカフェに上がる際に階段を利用できる。球体のオブジェはかつて建物の外にあったらしいが、いつホールに置かれたのかは不明。

間仕切りのレリーフ

装飾を施したレリーフが旧玄関ホールの階段を上がった入口にあつらえてある。レリーフの上に唐破風（＊1）の庇を設けた和洋混交のデザイン。設計者の萩原惇正氏は北海道大学理学部本館にもレリーフを付けている。

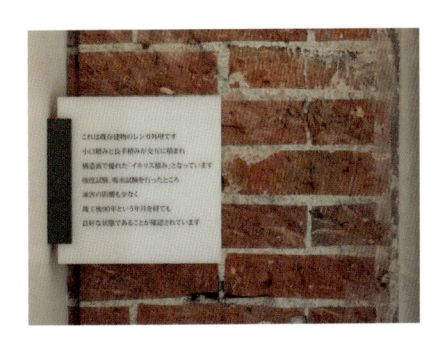

創建時のれんがの展示

1階の店舗壁には創建時のれんがを展示し、積み方を解説している。製造から90年以上が経つれんがは強度試験などによって良好な状態であることが確認されている。建物の一部解体の際には建築素材の保存も行った。

MEMO

札幌中心部の歴史的建造物

　北菓楼札幌本館の徒歩圏内には札幌創建期からの歴史的建造物が複数あり、観光客の目を楽しませている。定番とされるのが、北原白秋の詩にも詠まれた札幌市時計台（旧札幌農

学校演武場、1878年竣工、中央区北1西2）、と赤レンガ庁舎の名で親しまれる北海道庁旧本庁舎（1888年竣工、同北3西5）で、都心部における今昔のコントラストを見せている。

＊1：日本特有の建築技法。頭部に丸みを付けて造形した破風で、城郭建築などに見られる。破風とは建物の妻側（屋根の背にあたる棟と直角になっている側面）の端を指す

建物を南西角から見ると、それぞれの面に施されたシンメトリックな凹凸の造作が見てとれ、面に相対する時とは異なる印象を受ける

詩に詠まれた目抜き通りを飾る端正な建ち姿

この道はいつか来た道
ああ そうだよ
あかしやの花が咲いてる

あの丘はいつか見た丘
ああ そうだよ
ほら 白い時計台だよ

　明治・大正・昭和の長きにわたって活躍し、不世出の詩人としてその名を馳せた北原白秋は晩年の1926（大正15）年8月、児童雑誌『赤い鳥』にひとつの詩を載せる。翌年、白秋の盟友でもある作曲家・山田耕筰はその詩に曲を付け、唱歌「この道」として世に送り出す。歌詞に沿った細やかな変拍子は、詩人が紡ぎ出した言葉への敬意とも情愛とも感じ取ることができ

る。100年に及ぼうという時を経ながら、なお色褪せぬ名作だ。

　白秋は詩を発表するちょうど1年前に北海道を旅行し、札幌にも立ち寄っている。「あかしや」や「白い時計台」などのフレーズから、1章と2章は札幌の北1条通りの情景を詠んだものであろうと言われている。「あかしや」の樹種名はニセアカシアだが、明治初期に札幌中心部の街路樹として持ち込まれて以来、市民は「アカシア」と呼び慈しんでいる。

　札幌の都心部を東西に抜ける幹線には大通や北5条通りがあるが、途切れることなく両の隣町まで接続するのは北1条通りだけである。そのため札幌の近代化の過程で大きく変貌しており、今日において、白秋が目にしたであろう牧歌的な情景を見つけるのは難しい。

その中で、100年前の貌を今も残す建物がある。行啓記念北海道庁立図書館（以下、道庁立図書館）は、『赤い鳥』誌上に白秋の詩が掲載された3か月後に開館した本道初の道庁立図書館だ。重厚かつ繊細な姿形は、旧北海道帝国大学理学部本館（現・北海道大学総合博物館）や同農学部本館（同環境資源バイオサイエンス研究棟）などを手掛けた道庁建築課の技師・萩原惇正氏（＊1）が設計した。1・2階を円柱が貫く力強い古典様式を基調としつつ、建物のさまざまな箇所に幾何学的な装飾を施すという、建築史の過渡的特徴を持つ名設計とされる。

白秋の心象風景を耕筰が引き継いだように、萩原の美意識と建物の星霜は後年、ひとりの建築士が次代へとつなぐことになる。日本を代表する建築家・安藤忠雄氏である。

菓子舗・北菓楼を展開する老舗菓子メーカー、合資会社ホリ ホールディングス（本社・砂川市）企画部次長の大野重定さんは振り返る。
「2014（平成26）年に当社の会長（当時は社長）、堀安規良と一緒に大阪市内の安藤忠雄事務所に伺った時のことです。建物のリノベーションのデザインをお願いしに行ったのですが、世界的に著名な建築家の方ですから、にべもなく断られたらどうしようと私も社長も内心ビクビクしていました。ですが、安藤先生は長時間にわたって話を聞いてくださり『こういう建物は大切に残していかなければならない』と熱く語ってくれました」

北海道における図書館設置運動は明治期からあり、大正に入って本格化した。1922（大正11）年に摂政宮殿下（のちの昭和天皇）が北海道を行啓し、その際に「教育および社会事業奨励のために」と2万円が下賜される。それを受けて誕生したのが道庁立図書館である。れんが造りの3階建て、5層の書庫に約5万冊を収納。女性専用の婦人閲覧室のほか、談話室や喫茶室、地下には食堂も設けられた。

「ですが札幌の発展に伴い、用途も変わっていきます。道庁立図書館は1967（昭和42）年に札幌の東隣の江別市文京台に北海道立図書館と改称・移転し、建物は北海道立美術館として供用されますが、1977（昭和52）年には北海道立近代美術館として移転します。その後、札幌生まれの洋画家・三岸好太郎（＊2）の作品を専門的に展示する北海道立三岸好太郎美術館

左／北海道庁立図書館と北1条通りのチャチャニレの木を映した絵葉書。このハルニレは、アイヌ語のチャチャ（おじいさん）を冠してチャチャニレと呼ばれ、親しまれた（個人提供・典拠不明）　右／1階店舗の西奥には創建時から残る古色蒼然とした階段がある。この細い階段を上がると、荘厳な旧玄関ホールを目にすることができる

創建時の姿をそのまま留める旧玄関ホール。手すり部分の人造石（花崗岩や石英などの砕石にセメントや砂などを加えてつくった造石）は、経年の摩耗でほど良い感じにひなびている

となりますが、1983（昭和58）年に移転。最後は北海道立文書館別館として、書庫や物品庫として使われていました。当時、小学生だった私は塾の行き帰りでいつもこの横を通り『どういう建物なのだろう』と窓から何度も覗き込みましたがいつも無人で、使われている様子もない。『もったいないなぁ』と子ども心に思いました。もちろんその時分は後々のリノベーションに自分が関わるなんて、想像もしていませんでした」

ホリ ホールディングスの企画部は故堀 均氏（堀安規良会長の兄で、当時の会長）の肝いりで新設された部署だ。安規良社長（当時）のそばにいることが多かった大野さんは「札幌市内にランドマークになるような店舗を持ちたい」と常々聞いていて、いくつか物件の下見にも同行した。「道が北海道立文書館別館の建物を売りに出す」との新聞記事を見た時、もしかしたらと予感し、それは的中する。堀社長はこの建物を、北菓楼の旗艦店にしようと取得に向けて動く。
「歴史的価値の高い建築物ということもあって、道は厳しい売却条件を課してきました。耐震性の観点から内部は解体。一方で南と西向きの外壁は外観をそのまま残すというものです。この特徴的な大正期の外壁を現代建築の商業店舗と融合させるためには、ハードルの高い設計が

「図書館だったので書架を」という安藤氏の言葉通り、カフェの両壁の高層書架はその空間でのひとときをより味わい深くしている

必要になるだろうと社の誰もが感じていました。社長から安藤先生の名が挙がったので、私の伝手で大阪の事務所に伺うことになりました。社長は安藤先生の大ファンでもあったのです」

れんが壁補強のため、最上部から基礎部分まで垂直に鉄筋を入れる穴を23か所開けるなど、萩原惇正氏の情熱と創意工夫を現代につなぐリノベートには、さまざまな場面で最高水準の技術が求められ、竹中工務店のノウハウと実績が発揮された。
「工事の合間に訪れた社長に『北海道をイメージするときに、北海道庁赤れんが庁舎のような洋風れんが建築を思い浮かべる人は多いと思います。北菓楼札幌本館がそういう建物になることで、大きな効果が生まれるはずです』と話すと大いに納得してくれました」と大野さん。
2016（平成28）年春、北菓楼札幌本館が開店。100年前の北１条通りの情景のひとつは、次の時代においても変わらぬ貌でそこに在り続ける。

「過去と現在がつながれば、現在が未来につながる。その実例を間近に体験できたことに、ただただ感謝です」と大野さん

＊１：1892（明治25）年、静岡県生まれ。1923（大正12）年に北海道庁土木部建築課に赴任。のちに北海道帝国大学で営繕課長となる。北海道帝大理学部本館、同理学部附属臨海実験所実験室、同農学部などの設計を手掛ける。没年不詳
＊２：1903（明治36）年、札幌市生まれ。1921（大正10）年、画家を目指し上京。素朴な画風から東洋趣味への傾倒を経て、前衛主義、シュルレアリズムへと移行。戦前のモダニズムを代表する洋画家となる。1934（昭和９）年、31歳で病没

1

2

4.店舗入口右手に展示しているミニチュアは、北海道立図書館所蔵の構造模型。互いのパンフレットを設置するなど相互協力協定を結んでいる　5.カフェの奥には「メモリアルルーム」が設けられ、建物の歴史に関する写真や資料などが展示されている。入室無料　6.カフェにはグランドピアノが置かれ、コンサートなどが開催された(現在は休止中)

3

1.商品を並べたテーブルがゆったりと配置された空間は、ベンチに腰掛けた中年男性がソフトクリームをパクつく姿も絵になる　2.外壁のタイル、内壁のれんがの壁はともに一世紀前に作られたもの。一部、傷んでいた部分は取り壊した壁面の部材を移植して修繕した　3.南西角に立ち、シックな色合いでまとめられた両壁面を見渡す。対称的に広がる外壁の造作の並びが目に心地良い

ヨーロッパの教会などに見られる柔らかな曲線のクロスヴォールト天井が、開放感のある空間を優雅に包み込んでいる

INFORMATION　北菓楼札幌本館
札幌市中央区北1条西5-1-2　☎0800-500-0318
営業時間：10：00〜18：00、カフェは11：00〜17：00（食事は14：00まで）
定休日：店舗はなし、カフェは火（祝の場合は翌日）

塔型サイロが出迎える
知の宝庫

場所	北海道立図書館
竣工	1967（昭和42）年

#図書館探索

広々とした前庭は、家族連れ
や引率されてくる保育園児た
ちで賑わう。その風景に赤れ
んがのサイロがよくなじむ

左／栗田文庫（＊3）が旧北海道立図書館（札幌市）の収容能力をはるかに超えていたことも、移転新築の理由のひとつだった　右／旧北海道庁や開拓使時代を含む北海道関連の公文書などを所蔵する北海道立文書館。北海道立図書館と渡り廊下でつながる

　北海道立図書館（以下、道立）は、札幌市ではなく東隣の江別市にある。札幌市中央区の北海道庁舎までの移動距離は約17キロメートルあり、国内では兵庫県立図書館〜兵庫県庁舎（約23キロメートル）に次いで２番目に遠い。もちろん都道府県庁舎に近ければ良いというものでもないが、北海道庁が札幌の目抜き通りとも言える交通の便に優れた場所にあるので、197万人の札幌市民には「道立は遠くて行きづらい」「なぜ江別？」という印象を持つ人が少なくない。

　しかしその分、得られる開放感は格別だ。サイロ（＊1）脇を通って入口に向かう通路は右手に広大な芝生が広がり、大木と言って差し支えない堂々たる樹木が立ち並ぶ。木洩れ日指すベンチで、借りてきた本をさっそく広げるひとときは、この上なく豊かな時間である。

　建物は1967（昭和42）年竣工と、優に半世紀を超える。2019（令和元）年には、北海道立文書館の新庁舎が併設され、北海道の知の拠点としての機能を拡充している。

　入口のサイロは、元々は館の裏庭の隅にあった。1943（昭和18）年頃までこの場所で酪農をしていた元野幌地区の酪農家が1935（昭和10）年頃にデントコーン（＊2）の貯蔵用に建てたもの。1990（平成2）年の道路拡幅工事の際に解体する予定だったが、地元の人たちの要望で約150メートル離れた館の入口に移設した。このサイロは、2008（平成20）年に経済産業省が認定する近代化産業遺産群のひとつに選ばれている。

INFORMATION
——

北海道立図書館
江別市文京台東町41
☎011-386-8521
開館時間：9：00〜17：00、6〜8月の木・金は〜19：00
休館日：月、毎月末日の平日、年末年始

＊1：酪農用の塔型サイロは、青刈りした飼料作物を詰めて乳酸発酵させ、家畜のエサ（サイレージ）をつくる設備であるとともに、できあがったエサの貯蔵庫としての機能を持つ
＊2：馬歯種コーンとも呼ばれる。主にコーンスターチや飼料用として栽培されるが、近年はバイオエタノールの原料としても利用されている
＊3：旧栗田書店の栗田確也社長が1952（昭和27）年から集め始めた国内出版物のコレクション。1963（昭和38）年に北海道立図書館に寄贈され、貴重な資料群となっている

泊まれる赤屋根の旧木造平屋校舎

GA.KOPPER
（旧西興部村立上興部中学校）

#客亭滞在記

国道239号沿いの緑の芝の向こうに見える赤い屋根の木造校舎。ライダーや北海道ファンが愛して止まない北の宿だ

DATA

開校	1947（昭和22）年 ※上興部中学校（上興部小学校併置）
竣工	1952（昭和27）年 ※上興部中学校（独立校舎）
設計	不明
構造	木造平屋建て

ILLUSTRATION | 図解

現在の部屋割

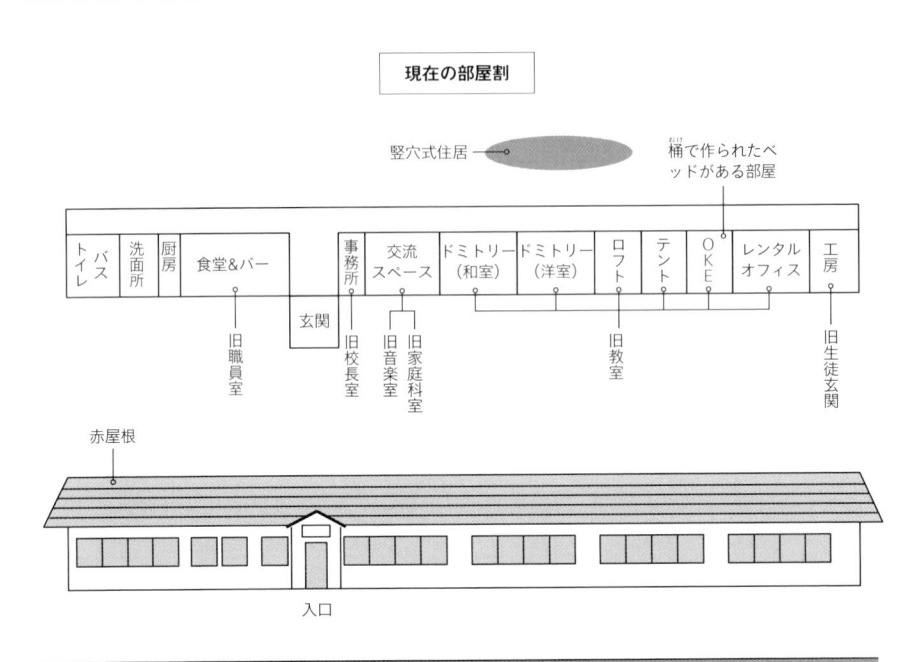

竪穴式住居

桶で作られたベッドがある部屋

トイレ / バス / 洗面所 / 厨房 / 食堂&バー / 事務所 / 交流スペース / ドミトリー（和室） / ドミトリー（洋室） / ロフト / テント / OKE / レンタルオフィス / 工房

玄関

旧職員室 / 旧校長室 / 旧音楽室 / 旧家庭科室 / 旧教室 / 旧生徒玄関

赤屋根

入口

国道239号

HISTORY | 歴史

昭和22年（1947）
西興部村立上興部中学校が上興部小学校に併置される

昭和27年（1952）
中学校としての独立校舎（現在の建物）が完成

昭和41年（1966）
上藻中学校・中藻中学校・西興部中学校が統合し、村内の中学校は上興部中・西興部中の2校体制になる

昭和60年（1985）
上興部中学校・西興部中学校が統合し、西興部中学校1校体制に。校舎は廃校になる

平成28年（2016）
ゲストハウス・ガコッパーが開業する

かつて職員室だった食堂＆バー

現在、朝食・夕食の会場や夕食後のバーとして使われているのは、もともと職員室だったスペース。村内には飲食店や宴会場がほとんどないことから、企業や役場関係の送別会や慰労会などの会場として使われることも多い。

個性的な設えの客室

客室として、和洋のドミトリールーム（各6名宿泊可）のほか、個性的な3つの個室（各3名・3名・2名宿泊可）を備えている。「テント」の部屋は、樹木を支柱に張り渡された生成りの布ターフに囲まれた幻想的な空間。

鹿の角をあしらった宿の看板

エゾシカの個体数が増え、農林業の被害が深刻な北海道では西興部村と占冠村が猟区に指定され、村外のハンターを受け入れながら個体数を管理している。ガコッパーでも鹿の角を各所に飾り、夕食では鹿肉を活用している。

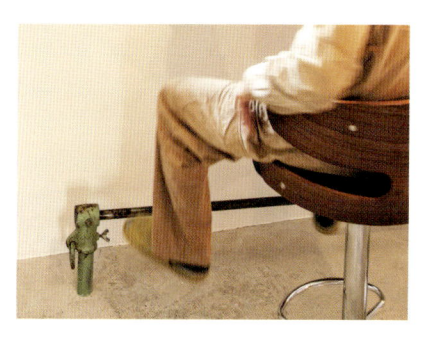

鉄棒を加工した足掛け

廃校となった中学校には相当数の備品が残されており、それらは建物内の随所に使用されている。客室のデスクチェアの足掛け（ステップ）に使われているのは、グラウンドにあった鉄棒。足を乗せる高さに合わせて切断した。

MEMO

交通事故死ゼロ1万日超えの村

西興部村を通る幹線・国道239号は東に紋別方面、西は名寄方面に通じていることもあり、ガコッパーを拠点に道東を周遊するライダーやドライバーは年々増えている。2022（令和4）年6月に交通事故死ゼロ1万日を達成した同村は、安全な旅の始発点にふさわしく、いまなお北海道の自治体の交通事故死ゼロの最長記録を更新し続けている。

宿泊者がくつろいだり、交流するスペース。図書やオーディオ、ドラム、オルガンなどがあるほか、調理ができるコーナーも設けられている

学校ってこんなに豊かな場所だったんだ

西興部村の人口は960人（2024年4月）。北海道179市町村を「住民が少ない順」に挙げると3番目に登場する。面積の9割が森林で、人口密度は約3人/平方キロメートル。特別豪雪地帯に指定され、冬期はマイナス20度を下回ることも珍しくない。

村の主幹産業のひとつはエレキギターの製造だ。村の西部にあるオホーツク楽器工業が製造したボディは、エレキギターの国内トップブランド・フジゲン（本社・長野県松本市）に出荷される。

また、先々代の村長・三宅豊氏の発案で、この村の公共施設はすべて壁をオレンジ、屋根を緑色に統一している。これに倣って建物の色を揃える企業や住宅も多く、このまちに入った途端、目に映る風景がカラフルに一変する。当

初は「派手過ぎる」との批判もあったようだが、いまではこのまちの個性として定着している。

中心部からやや西に進むと、国道沿いに赤い屋根に平屋建て、昔懐かしき風情の木造校舎が見えてくる。築72年の建物を改装しながらゲストハウスを営んでいるのは、タフで心優しいバイク乗りとそのファミリーだ。

「子どもの頃は、まさか大人になったら学校に住むなんて思ってもみなかったですね。しかも家族で」

校舎の長い廊下を慈しむように見渡してから笑顔を向けるのは、ゲストハウス・ガコッパー（GA.KOPPER）オーナーの浅野和さん。

「一方で、小学校低学年の時の校舎が木造で、楽しかった思い出もありましたから、あの懐か

校舎に取り付けられていた大時計は、ガラス板を乗せて食堂のテーブルとして使われている。黒板などさまざまな学校備品が宿のツールとして再生されている

しい場所に戻ってきたんだという、ほっとした感覚もありました」

生まれは札幌市中央区。16歳でバイクの免許を取得し、仲間たちと街乗りを楽しむ。やがてひとりで遠方までツーリングに出ることが多くなった。高校の時に北海道を2周し、卒業後は国内各地を巡る。47都道府県すべてを走り抜けた後、26歳で海外ツーリングへ。中米、南米、北米、ユーラシア大陸を1年半かけて回った。ともにゲストハウスを切り盛りする妻の千世さんとは、旅の道で出会った。

「日本に戻り、能登半島の能登杜氏組合（石川県珠洲市）に所属して、冬は福井や奈良、京都などの蔵で酒造り、そして夏はツーリングに山登りにキャンプと、1年をふたつに分けて暮ら

浅野さんは、狩猟免許を持つハンターでもあり、捕獲したヒグマの皮のなめしやエゾシカ皮の加工なども手掛けている

していました。西興部のキャンプ場にも毎年のように足を運んでいて、地域の人たちとも親しくなりました。そのうち、村からキャンプ場の管理人をやってもらえないかとのお誘いがあり、7年ほど夏はキャンプ場の管理人、冬は杜氏（＊1）という生活になりました」

西興部村は、1904（明治37）年の名寄からの道路開通を機に、林業従事者の入植が進んだ。山に入り、木を伐採して丸太にする作業（林業造材）の従事者を本州では木樵あるいは杣夫と言うが、北海道では山子と呼ばれることが多い。

1925（大正14）年に国鉄名寄線（＊2）が開通すると山子たちの入植も一層進み、まちは急速に発展し、いくつもの集落が誕生する。この年に興部村から分村して、西興部村となった。その後、1935（昭和10）年の4867人をピークに人口は減少に転じ、1985（昭和60）年には児童数の減少から上興部中学校は西興部中学校と統合され、校舎は廃校となった。

「廃校になったこの校舎は、当初、別の人が民宿として使っていましたが、高齢でおひとりでしたから、運営を軌道に乗せるのは難しかったようです。キャンプ場の管理を始めてから数年後に『宿をやってみないか？』と声を掛けても

この横に長く伸びた廊下を歩いて、建物の端から端まで行く。年季の入った板張りの廊下の感触が足元から感じられる

らい、そこから1年以上かけて修理や改装を施し、2016（平成28）年にガコッパーをオープンしました。杜氏の仕事も終え、妻と娘とともに西興部での暮らしを始めました」

宿づくりはいまも進行中で、まるで建物自身がリノベーションを教えてくれるようだと浅野さんは言う。

「部屋の間取りや部材、残された教材や資材、道具の数々、そして校舎の周辺など、いたるところに改装のヒントが溢れかえっています。学校ってこんなに豊かな場所だったんだな、と感じ入りますね。毎日が校舎との語らいで、毎日が発見です」

跳び箱はベンチとテーブルに、鉄棒は足掛けに、ハンマーは扉の取っ手に。創意工夫を楽しむのも宿泊の楽しみのひとつだ。

そして建物裏では、浅野さんたちの手作りによる竪穴式住居の設営が進んでいる。道東では縄文早期から続縄文期を経て、擦文・オホーツク文化期のおよそ7000年にわたって作られた竪穴式住居の遺跡が数多く確認されている（＊3）。

「アイヌのかたもメンバーに入ってもらって、周りに何を植えたらいいか、祭礼はどのようにやればよいかなど、ワイワイと楽しみながら学んでいます。ある程度、形がついたら地域の人や子どもたちにも環境づくりに加わってもらおうと計画しています」

地域に開かれた場であること。地域の人々とともに過ごす場であること。それがガコッパーにとって大切なことだと浅野さんは話す。

「村にはこの学校の卒業生もまだまだいらっしゃいます。『陽が落ちてからこの辺を歩くでしょ。で、学校に電気が付いているだけで嬉しくて、あったかい気持ちになるんだよな』と声を掛けてくれるんです。ここでは落語会や映画上映会も開催していますし、ハロウィーンやクリスマスのパーティも開きます。ただの宿泊施設ではなく、旅人も、村人も、かつての自分のようにふらっと居ついている人も、誰もが遊んだり、楽しんだり、何かを学んだりできる場所で在り続けたいのです。やっぱり学校っていいですよね」

1980年代のバイクブームの折、国内のライダーたちは北海道を「バイク乗りの聖地」と呼び、こぞって北を目指した。それから40年以上経った現在、バイク人口は目減りしたものの、北海道は変わらず聖地で在り続けている。

ライダーたちが宿に立ち寄り、主と近況報告を交わす。食に舌鼓を打ち、酒を酌み交わし、地域の人たちと大いに意気投合する。その豊かなひとときの価値はこれからも変わらないし、新たな世代を刺激し続けていくことだろう。赤い屋根の木造校舎の物語はまだまだ続く。

夜が更け、灯りがともされた校舎は、学校祭の前日やお泊り会を想起させる。夜半ともなれば空いっぱいに星が満つる

＊1：日本酒の醸造を行う職人や集団、統率者などを指す。醪の仕込みや醸造、蔵の管理などを請け負う

＊2：日本国有鉄道（のちにJR北海道）が運営していた鉄道路線。名寄駅から下川町、興部村、興部町、紋別市などを経て遠軽町遠軽駅で石北本線に接続する本線と、上湧別町中湧別駅で本線から分岐し、湧別町湧別駅に至る支線から成っていた。路線距離約143キロメートル、40駅。1989年5月に廃止。本線と名の付くJR線で全線廃止となった唯一の路線

＊3：西興部村が位置するオホーツク振興局内には、国内最大規模の竪穴群・常呂遺跡（北見市）と標津遺跡（標津町）がある。道東では、先史時代の竪穴住居跡が埋まりきらずに地表面に窪みの状態として確認することができる遺跡が多く見つかっている

1

2

1.朝の出発の際は旗を振ってお見送りする。右は千世さん、左は九州から年に数度も来ているライダー仲間の池山さん 2.3.桶造りの職人に寝床用として作ってもらった寝台。「一晩寝ると、人間も良い感じに醸されるはず」と浅野さんが考案した 4.物品庫で見つけた校歌を記した板。経年劣化が激しかったが、浅野さんがピカピカに磨き上げて多目的ホールに展示している

3

4

5.薪ストーブの燃料として、エレキギターの工場で、板からギターボディを型抜いた縁の部分をもらってきて使っている　6.北海道では179市町村の境界すべてに、名所や特産品などのイラストを描いた「カントリーサイン」を掲示。西興部村は牛とエレキギター　7.西興部村の公共施設はすべてイメージカラーのオレンジ色で統一されている。一般住居が外壁をオレンジ色にする場合は補助金が支給される　8.設営が進む竪穴式住居。周囲の植生や祭礼施設なども含め歴史的検証を進めているが、「基本は楽しく自由にゆるやかに」という方針

INFORMATION

GA.KOPPER（ガコッパー）
西興部村上興部176
☎090-6446-7689
定休日：不定休（電話で要確認）

地場の漁師から、北の味覚を
求める旅行客へ。訪れる客の
顔ぶれは変わったが、出迎え
る板張りの廊下の設えは変わ
らない

鮭の味と歴史を伝える
築144年の料亭

場所	金大亭

竣工	1880（明治13）年

#客亭滞在記

左／潮風にさらされる建物は、冬期には大雪が降り積もる。毎年のように普請しているが、修繕にかかる手間が大変だという　右／石狩鍋をメインに、焼き鮭、イクラ、焼き白子、氷頭なます(＊3)、メフン(＊4)、ルイベ(＊5)など、鮭まるごとを使った料理が並ぶ

　札幌の北隣の石狩市は「鮭(＊1)のまち」あるいは鮭料理の名物「石狩鍋のふるさと」として知られる。市内の遺跡発掘調査(＊2)によって、縄文期にはすでに鮭漁が始まっていたことが判明している。

　金大亭は、1880(明治13)年に開業。当時は市内約60か所の漁場に2000人を超える漁業労働者が詰め、年間約120万匹もの鮭を水揚げしていた。初代経営者の石黒サカさんは、新潟の生まれの料理人。この時期、いくつもの料理店が新町地区に競うように軒を並べ、海の男たちに食事と酒を提供していたが、現在その名残りを留めるのは同店のみである。

　かねてから漁師たちは味噌汁風の鮭汁を好み、明治期には「大なべ」あるいは「サケ鍋」と呼ばれていた。金大亭の2代目、3代目はいずれも女性の料理人。サケ鍋に工夫を重ね、日常の汁物を

もてなしの鍋料理に仕上げた。4代目として切り盛りする石黒聖子さんは「白味噌仕立てで、山椒を利かせるのが特徴ですね」と話す。

　客室ひと部屋を増築した以外は、玄関から廊下、帳場、厨房など建物のほぼすべてが開業時のまま。板張りの廊下のかすかな鳴りも心地良い。年々、修繕箇所が増えるのが悩ましいが「この味わいなくしてこの店はない」と石黒さんは言う。

　窓から潮の満ち引きが聞こえてくる金大亭は築144年。これからも石狩の海の恵みで、訪れる人たちをもてなし続ける。

INFORMATION
—
金大亭
石狩市新町1　☎0133-62-3011
営業時間：11：00〜21：00(完全予約制)
定休日：不定休

＊1：鮭の読み方は辞書では「さけ」が一般的だが、北海道では「しゃけ」と呼ぶことが多い
＊2：石狩紅葉山49号の発掘調査で、縄文時代中期後半(約4000年前)のものとみられる河川漁の仕掛けの柵や道具など18点が出土した
＊3：鮭の頭の軟骨部分を薄くスライスし、大根やにんじんのなますと合わせたもの
＊4：鮭の中骨に沿って付いている腎臓を使って作る塩辛。語源はアイヌ語の腎臓＝メフルとされている
＊5：冷凍した鮭を凍ったまま薄く切り刺身として食べる料理。語源はアイヌ語のル＝融ける、イペ＝食べ物とされている

DATA

創業　1875（明治8）年　※呉服商として創業
　　　1882（明治15）年　※醸造業を創業

竣工　酒蔵：1902（明治35）年
　　　店舗棟：1918（大正7）年

設計　酒蔵・店舗ともに不明

構造　酒蔵：石造2階建て（一部、木骨石造2階建て）
　　　店舗棟：木造2階建て

—

日本最北の酒蔵を支える
灰白色の軟石（なんせき）

—

国稀酒造（くにまれ）

#日本酒今昔

ニシン漁の好景気で酒の需要が
高まり、1902(明治35)年に建
てられた木骨石造の酒蔵。扉に
屋号「⊖」が記されている

ILLUSTRATION | 図解

平面図

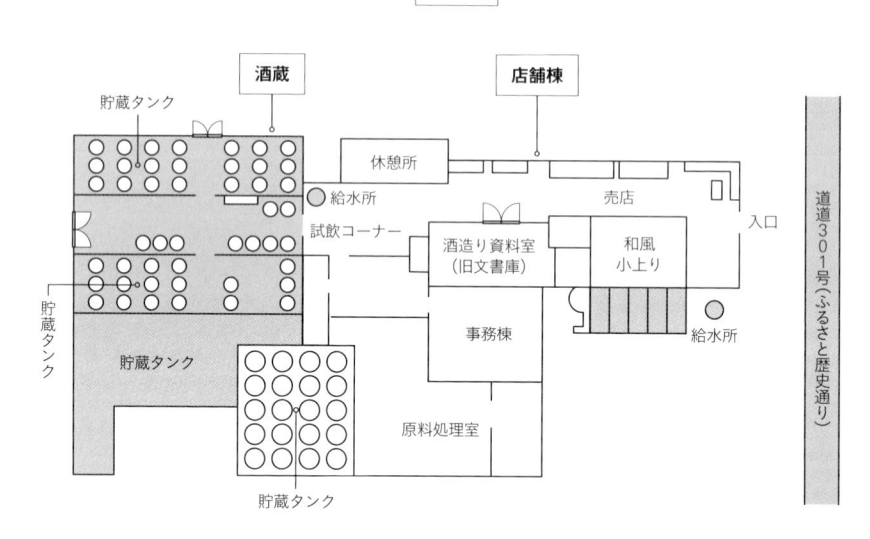

貯蔵タンク

酒蔵

店舗棟

休憩所

給水所

売店

入口

試飲コーナー

酒造り資料室（旧文書庫）

和風小上り

貯蔵タンク

事務棟

給水所

貯蔵タンク

原料処理室

貯蔵タンク

道道301号（ふるさと歴史通り）

HISTORY | 歴史

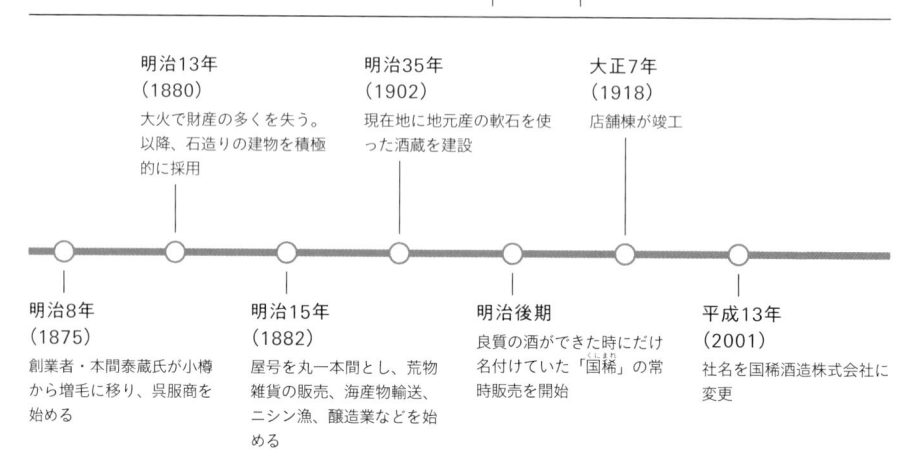

明治13年（1880）
大火で財産の多くを失う。以降、石造りの建物を積極的に採用

明治35年（1902）
現在地に地元産の軟石を使った酒蔵を建設

大正7年（1918）
店舗棟が竣工

明治8年（1875）
創業者・本間泰蔵氏が小樽から増毛に移り、呉服商を始める

明治15年（1882）
屋号を丸一本間とし、荒物雑貨の販売、海産物輸送、ニシン漁、醸造業などを始める

明治後期
良質の酒ができた時にだけ名付けていた「国稀」の常時販売を開始

平成13年（2001）
社名を国稀酒造株式会社に変更

＊1：増毛町中心部から南西に10キロの距離にある地区。かつては漁場で、江戸期の天文学者・測量家の伊能忠敬が宿泊したという記録がある

＊2：増毛山地の主峰で、標高は1492メートル。半年以上残る豊富な雪を源流とする伏流水は、山から里までの距離が近いため、鉱物をあまり含まない軟水であるのが特徴

淡い灰白色の日方泊（＊1）軟石

10キロほど離れた海岸近くで切り出されてきた軟石は、柔らかさと淡い色合いが特徴。風雪や経年で欠けたり、混入した小石が剥がれ落ちてしまうなど、道内の他地域の軟石に比べてメンテナンスは大変だという。

無料で汲める良質な伏流水

日本酒づくりの要は良質な水。国稀酒造は創業時から暑寒別岳（＊2）連峰の伏流水を仕込み水として使っている。店舗横には、いつでも無料で汲める給水所を設けており、ペットボトル片手の老若男女が途切れることなく訪れる。

琺瑯引きの酒タンク

かつては木製の樽や桶で日本酒を仕込んでいたが、後に釉薬を吹き付けた鉄製、いわゆる琺瑯引きのタンクとなり、現在ではステンレス製が主流になってる。仕込み用のタンクは約30基。タンク全体では180基を超える。

展示鑑賞＆試飲コーナー

店舗入口から奥へと進む通路には、昔の酒造りの道具などが展示されている。手前の窯は2016（平成28）年まで米を蒸したり、道具を煮沸したりするのに使われていた。奥には試飲コーナーがあり、酒の味比べが楽しめる。

MEMO

通りの左右に並ぶ歴史的建築物

道内の自然や建造物などを後世に残そうと2001（平成13）年、北海道遺産構想推進協議会は25件の北海道遺産を選定。増毛町からは「駅前の歴史的建物群」と「増毛小学校」が選ばれた。駅前通りには国稀酒造のほか、旧商家丸一本間家や旧多田商店（風待食堂）、旧冨田屋旅館などが並び、高倉健主演の映画『駅STATION』（1881年）の舞台にもなった。

木造2階建ての店舗棟。売店の奥には酒造り資料室があり、さらに奥の石造りの酒蔵には試飲コーナーなどがある。手前は国道301号（ふるさと歴史通り）

明治の経営人が始めた社産社消の酒

「軟石」という言葉は、北海道では一般的に使われ、石材にゆかりのない人間同士でも「ああ、これは軟石を使った建物だね」で通じることが多い。しかし北海道以外では石材店や石工でもまず使わない言葉であり、たいていは玄武岩や花崗岩のように固有の名で呼ぶ。なぜ北海道では例外的に札幌硬石、小樽軟石、登別硬石のように、地名と硬軟の組み合わせで呼び表すのか。

明治初期の開拓時代。木造の建物は断熱性が低く、寒さをしのぐために火を焚くことが多いため火災が頻発し、深刻な問題となっていた。海外から招いた開拓助言者の勧めもあり、耐火性に強く、加工しやすい軟石を建築材として、商家の店舗や蔵、役場や裁判所などの公共建築、教会などを次々と建てていった。軟石は保温性も優れていたので、野菜の倉庫や酒、味噌、醤油の醸造庫にも適していた。

建築材としての重用から道内各地で採掘され、道民の共通語にもなった軟石だったが、大正期のコンクリート出現とともに利用は減少。採掘もいまは札幌の1社が行っているのみである。

日方泊軟石という石がある。これを使って建てられた建築物はわずかで、現存するのは旧商家丸一本間家（重要文化財）と、その本間家が経営する国稀酒造酒蔵を含む4か所である。

「建物に一級品を好んで取り入れていた創業者ですから、質に定評のある札幌軟石を使うのが定石だったんでしょうが、ひとつはここが当時、陸の孤島と呼ばれていたため重量物の大量輸送が難しかったこと。もうひとつは地場に良質の

ものがあるなら、自分たちで掘れば雇用も生まれると創業者は考えたそうです」

そう話すのは、創業者・本間泰蔵氏（故人）の曾孫で、国稀酒造株式会社取締役部長として酒蔵を切り盛りする本間櫻さん。

泰蔵氏は1849（嘉永2）年に新潟県の佐渡で、仕立て屋の三男として生まれた。1873（明治6）年に故郷を離れ小樽に渡って呉服屋の番頭となり、2年後には増毛に移り住んで自ら呉服業を始める。当時の増毛はニシン漁で隆盛を誇り、「鰊千石」のふたつ名で呼ばれるほど活況に溢れていた。

景気の追い風を受け、1882（明治15）年には屋号を丸一本間とし、荒物雑貨の販売や海運業、ニシン漁に加え、醸造業を始める。

「ニシン漁で賑わう増毛には、各地からヤン衆（＊1）が集まっていました。彼らにとってお酒は嗜好品であり娯楽であり、肉体労働の合間のひとときには欠かせないものでした。創業者は佐渡の生まれですから、醸造の知己や伝手も多かったのでしょう。お酒の製造販売は、働き手の要望に応えるとともに、商売を多角化するというふたつの考えがあったのだと思います」

その規模での消費量を見込んでいたので、本格的な工場を新たに建設するのではなく、本家（旧商家丸一本間家）の裏に酒蔵を建て増しした。地産地消ならぬ社産社消が目的だったので、安価で気軽にぐいぐい飲める大衆的なやや辛口の酒が造られ、ほどなく町民も好んでそれを口にするようになる。販売が全国区となった現在でも、同社の主力商品はその路線を継承している。

ニシン豊漁による好景気は続く。酒の需要も増え続け、創業時の設備では間に合わなくなり、1902（明治35）年、現在地に酒蔵を新設する。増毛南西部の漁場、日方泊の海岸近くに軟石を確認すると、雇用していたヤン衆の中から石工の心得がある人材を中心に採掘メンバーを選び

かつて酒造りに関する会計や管理の書類を保管していた「文書庫」。現在は酒造り資料室として来店者が自由に入室できる

出し、切り出しと運び出しを指示した。

「そこで産出される軟石は柔らかくて加工しやすい上、札幌軟石や小樽軟石に比べると、白っぽくて上品な感じがします。一方で、もろくて割れやすいといった特徴もあり、風化が進んだいまでは、毎年必ずどこかが壊れるのが悩ましいところです。特に雪の多い年は傷みが進みますね。専門家にお願いして姫路城の石垣を保護する薬剤と同じものを吹き付けているのですが、やはり厳しい北海道の寒さと雪をしのぐことは難しいようです」

　増毛の名の由来は、ニシンが浜に群来る（＊2）とカモメの大群がやって来ることから、アイヌ語で「カモメの多いところ＝マシュケ」だと言われている。町内には古い町並みや、歴史を感じる建物が多く残り、その味わいを楽しみに訪れる観光客も多い。栄華を誇ったまちだから、星霜に耐え得る建物が残っているのか、と言えばそれだけではない。

「このあたりが昭和の終わり頃まで陸の孤島だったからです。まちがニシンで潤っていた時代は海運もありましたし、商圏も町内と周辺だけで商っていけました。乱獲の影響で1950年代半ばにニシンの漁獲量がゼロになると、北隣の留萌にしか道路と鉄道がつながっていない増毛はどんどん時代に取り残されていったのです」

　留萌や増毛など北部西岸（日本海側）のまちを札幌圏につなぐ国道231号は、構想自体は1907（明治40）年からあったものの、断崖絶壁など難所が多く、1958（昭和33）年にようやく不通区間の工事が始まる。1981（昭和56）年に札幌まで全路線がつながったものの、開通の40日後に大規模な崩壊が発生。復旧工事を終えた1983（昭和58）年12月に、構想から開通まで70数年もかかり「幻の国道」と呼ばれていた国道231号がようやく完成した。そこで初めて北海道最大の酒の消費地、札幌のススキノまで国稀の酒を下ろせるようになった。

　増毛では1952（昭和27）年から始めたエビ漁が年間1500トンもの水揚げ量になるなど、主要産品として定着しており、近年はニシンも海に戻ってきている。もちろん漁獲量は最盛期に遠く及ばないものの、群来も確認されるなど、浜の話題には明るいものが交じる。

「一方でお酒は厳しいです。北海道はコロナ禍による酒類販売の落ち込みからの回復が遅いのです。加えて、様々なアルコールの新規参入で酒造業が次々と立ち上がるなど正直、地場メーカーにはきつい逆風が吹いています。そういう状況の中で、創業者のマルチな発想とバイタリティに学ぶことは多いですね」と、櫻さんは酒蔵の奥まで並ぶ酒のタンクに目を向ける。

左／「酒蔵と店舗に目を配りながら、次の一手を考えています」と話す櫻さん　右／資料室前に釣り下がる杉玉。春先に青い杉玉を掲げて新酒の季節を知らせ、枯れていく色の変化で酒の熟成を伝える

＊1：主に北海道の漁場の季節労働者を指す言葉だが、漁の現場でこの呼称を使うことはほとんどなかったという。「衆」は「人々」を指すが、「ヤン」の語源は、ヤンチャ、やとい（雇い）、アイヌ語のヤウン（＝内地）など諸説ある
＊2：魚（主にニシン）が産卵のために沿岸に大群で来ること。産卵・放精によって海の色が乳白色になる

国稀

丸一本間

創業明治合三年

場合には酒類を販売しません

北海道小売酒販組合連合会

売店は酒だけでなく、地元の梅
や菓子、酒粕アイスのほか、屋
号の入った前掛けなどオリジナ
ルグッズも販売している

1. 国稀酒造の徒歩圏内にはいくつもの歴史的建造物があり、タイムスリップした感覚を味わうことができる　2. 国稀酒造から約200メートル先にある重要文化財の旧商家丸一本間家。かつて本間家居宅として使われていたが、現在は見学施設になっている　3. かつて従業員や来客者が、酒蔵の敷地内や本間家との行き来の際に使っていたという番傘が売店内に展示されている

4.軟石造りの酒蔵。1880(明治13)年の大火で財産を失った泰蔵氏は以降、石造りの建物を積極的に採用した 5.1902(明治35)年の酒蔵竣工時の写真。ひときわ大きな杉樽(写真右側)が目を引く。4の写真の反対側を写したもの 6.酒や土産品などが購入できる売店には、座敷風の小上りが設けられ、年代物の民具などが置かれている 7.最北端の酒造を訪ね来る日本酒ファンを、板看板、店頭幕、暖簾、杉玉、菰樽を揃えてもてなす

INFORMATION

国稀酒造株式会社
増毛町稲葉町1-17　☎0164-53-1050
営業時間：9:00〜17:00
定休日：なし

1997(平成9)年まで事務所や倉庫としての役割だった明治酒蔵。現在は売店や資料館として利用されている

酒都・旭川で115年
北の蔵元本店
<small>あさひかわ</small>

場所 | 髙砂酒造 明治酒蔵
<small>たかさごしゅぞう</small>

竣工 | 1909（明治42）年

#日本酒今昔

道内で初めて米が作られたのは1692（元禄5）年だが、冷涼な気候が稲作に適さず、産業として成立したのは180年後の1873（明治6）年。以来100年、食味は不評で「猫またぎ米（＊1）」などと揶揄され続けた北海道米だが、1980（昭和55）年に道が「良質米の早期開発」を開始すると、2010（平成22）年産の2品種が初の最高位「特A」を獲得。いまや良質米の代名詞になった「ゆめぴりか」は以来、2023年まで14年連続で「特A」を獲得している。

同様に、酒造好適米としては見向きもされなかった酒米としての質もこの四半世紀の間に驚くほど向上し、創業1899（明治32）年の髙砂酒造では、道産米の比率が80％を超え、主力商品の「国士無双」シリーズは9割以上で道産米が醸されている。

同社の前身にあたる小檜山酒造店は、福島県若松市の綿糸卸問屋に生まれ、札幌で乾物商を営んでいた小檜山鐵三郎氏が、道北の商圏開拓を志し、旭川に移り住んで興した会社だ。旭川では4番目

上／明治酒蔵の道路向かいに、1929（昭和4）年に鉄筋コンクリート造3階建ての工場を建設。現在も酒造りに使われている　下／資料館を併設する明治酒蔵では、季節の限定酒や蔵元限定の生酒などを販売するほか、試飲コーナーも設けられている

となる酒蔵で、後に10社を超える酒造が立ち上がる。北海の灘とも呼ばれた酒都・旭川は、いまも道内最多の3社が日本酒造りを続けている。そして北海道米の作付面積ナンバーワンも更新中だ。

髙砂酒造の明治酒蔵は、1909（明治42）年に竣工した土蔵造り。長らく事務所や倉庫として使われてきたが、1997（平成9）年には資料館や直売店となり、1年を通じて多くの来訪者を迎え入れている。その佇まいは竣工当時と変わらないが、酒の品質向上にかける技術と熱意が歩みを止めることはない。

INFORMATION
───

髙砂酒造 明治酒蔵
旭川市宮下通17丁目右1　☎0166-22-7480
営業時間：9：00〜17：00　定休日：年末年始

＊1：猫も食べずに、またいで通るという意。北海道米をもじって「厄介どう米」とも呼ばれていた

DATA

創業	2019（令和元）年
竣工	2019（令和元）年
設計	平取町アイヌ文化振興公社
構造	掘立柱建物

INTERVIEW 08

BIRATORI

—

アイヌの伝統的住居
「チセ」の集落

—

二風谷コタン

#アイヌの里

二風谷コタン（集落）では、約2万8000平方メートルの広大な敷地に9つのチセ（住居）や倉、丸木舟などアイヌの生活様式が再現されている

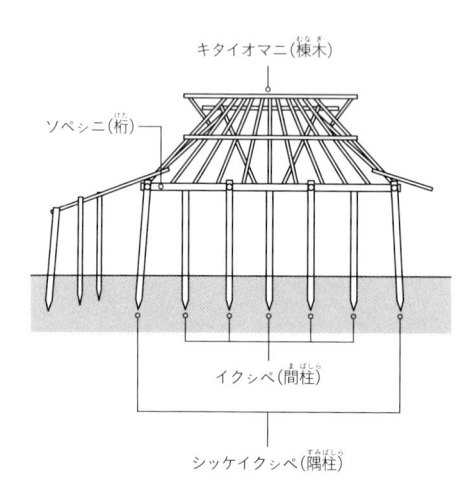

キタイオマニ(棟木)

ソベシニ(桁)

イクシペ(間柱)

シッケイクシペ(隅柱)

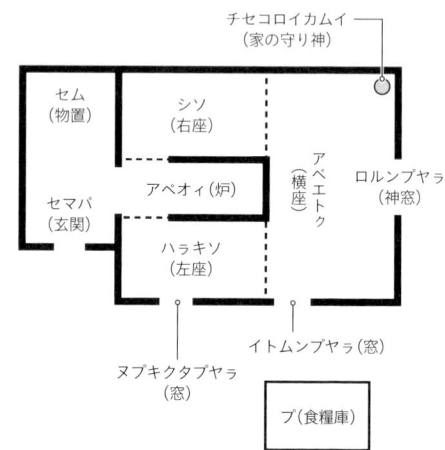

チセの内部

チセコロイカムイ
(家の守り神)

セム
(物置)

シソ
(右座)

セマパ
(玄関)

アペオィ(炉)

アペエトク
(横座)

ロルンプヤラ
(神窓)

ハラキソ
(左座)

イトムンプヤラ(窓)

ヌプキクタプヤラ
(窓)

プ(食糧庫)

12世紀頃
竪穴式住居から平地式住居に移行する

昭和47年（1972）
萱野茂二風谷アイヌ資料館の前身、二風谷アイヌ文化資料館が開館する

令和元年（2019）
アイヌ集落を再現した二風谷コタンがオープンする

縄文〜続縄文〜擦文時代
先史時代の北海道に住んでいた人々が竪穴式の住居で暮らす

明治以降
チセの壁材が徐々に板張りに移行し、近代以降は住居形態の多様化が進む

平成4年（1992）
平取町立二風谷アイヌ文化博物館が開館する

萱を重ねた屋根

沙流川流域のチセは材料に萱を使う。断熱と保温効果を高めるため、束ねたものを何段にも重ねて屋根にする。このチセは5段重ね。制作の際は屋根組の内と外に人が付き、針を使ってひもを出し入れして固定する。

部位ごとに異なる樹木

チセの柱はクリやミズナラ、桁や梁、垂木にはハンノキ、結束にはシナやブドウヅルなど、部位ごとに適した樹木が使われている。チセに用いられる材料は虫湧きや腐れ防止のため、すべて皮をむいて使用する。

伝統的なチセ内部の設え

奥の窓はロルンプヤラと呼ばれ、神の通り道とされる。囲炉裏はアイヌ語で火を表すアペに由来するアペオィと呼ばれる。吊り下げられた調理用の鍋は、オハウ（伝統的な煮込み汁）やシト（団子）を作るのに使われていた。

長い冬を越すためのプ（食糧庫）

「プ」はアイヌ語で食糧庫を指す。北国の長い冬を生き延びるためには、食料の保存や備蓄が必須。ネズミや湿気から食料を守るため高床式になっている。建てる際は、チセと同じく地上で屋根を組んでから柱の上に乗せる。

MEMO

観光の際の禁忌

チセは集落の近くにある川の流れと平行に建てられる。川の上流側の窓（上座の窓）はロルンプヤラと呼ばれるが、カムイ（神）が出入りする窓としてカムイプヤラとも言う。観光で訪れた際でも外から覗き込んだり、写真を撮ってはいけない。建物の内側から外を見るのは良い。人の出入りは下座側で、モセムという張り出した玄関を設けることもある。

チセの中に入れるだけでなく、木彫りや刺繍などの作業の見学や、体験学習なども行っている

アイヌ（人間）とカムイ（神）の関りを学ぶ空間

　道のありがたみを知っているものは、道のないところを歩いたものだけだ——

　この言葉を残したのは登山家、そして山岳にまつわる随筆家として、大正から昭和初期にかけて活躍し、29歳の若さで前穂高岳（長野県）の北尾根で墜死した大島亮吉である。石狩岳や然別湖周辺など、北海道も精力的に踏査した大島は「アイヌほど美しい地名を付ける種族はないようだ」との言葉も残している。

　これに異論を挟む道民は少ないだろう。札幌、小樽、室蘭、網走をはじめ、北海道179市町村の名の約8割はアイヌ語に由来する。地名だけでなく、山、河川、湖沼、そして動植物などの呼称も同様であり、北海道に暮らす者の耳にはごく自然に、時には懐かしさを伴って響く。

　しかし充てられた漢字を頼りに各地を巡る道

外からの来訪者には「なぜこんなにも不思議な響きの町村名や、読めそうもない地名が多いのか」と不思議がる人も少なくない。それもまた北海道ならではの味わいである。

　北海道中南部に位置する日高振興局の7自治体のひとつ、人口約4500人の平取町は、8つの山と3本の川を持つ緑の美しいまちだ。地名の由来はアイヌ語の「ピラウトゥル」で、ガケの間という意味だ。周辺地域には二風谷、荷菜、紫雲古津などの集落がある。

　アイヌ自らの手によるアイヌ文化収集・保存の拠点、萱野茂二風谷アイヌ資料館は、その中核とも言える存在だ。アイヌ民族として初の国会議員にもなった萱野茂（故人）氏が設立。チセの復元や建築技術の継承にも情熱を注ぎ、二

風谷コタンも萱野氏が書き記した資料などを参考にしてつくられた。

館長を務める萱野志朗さんは、萱野氏の次男。初代館長の父の遺志を継ぐ。

「平取を流れる沙流川（さるがわ）周辺に、パンケピラウトゥルとペンケピラウトゥルという地名があります。パンケは川の下流、ペンケは上流、ピラウトゥルは崖の間という意味です。それに平取の漢字を当てて、平取村そして平取町となりました。アイヌがチセで暮らしていたのは、昭和の初期ぐらいまでだったようです。父の茂も1931（昭和6）年の6歳の頃まではチセに住んでいたと聞いています」

萱野氏はこう記す。「家はチセといい、もとはチセッ（チ＝私たち、セッ＝寝床）で、しゃべる時はチセとなる。チセはアイヌの家にのみ用いるのではなく、ハチの巣はソヤチセ（ソヤ＝ハチ）、カラスの巣はパシクルセッ（パシクル＝カラス）、月の暈（かさ）はチュプチセ（チュプ＝月）、仕掛け矢をおおうシラカバの筒はアイチセ（アイ＝矢）、クマの穴はカムイチセ（神の家）という。このようにいろいろなものに家という言い方をするのである」（『アイヌ歳時記　二風谷のくらしと心』ちくま学芸文庫）

北海道や千島列島（ちしまれっとう）、樺太（からふと）の先住民族であるアイヌの伝統的な住居のチセは、地域によって仕様が異なる。北海道アイヌのチセは、長方形で部屋数がひとつというのが基本だが、使う素材は、胆振地方（いぶり）や日高地方をはじめ道内で多く見られるのが萱葺き（かやぶき）で、上川地方（かみかわ）に多く見られるのが笹葺き（ささぶき）、また道東や根室（ねむろ）などシラカバの樹皮を用いる地域もある。

「明治期以降の国の施策もあって、大正に入った頃から、チセをやめて板張りの家屋に変える世帯が増えました。ですが、当時の木造住宅の造りだと冬場はかなり寒いんですよ。チセは1年中、囲炉裏の火を絶やさないんです。この地域のチセの屋根は萱の束を7段にも8段にも葺きます。萱という植物は中が空洞ですから、そこに溜まった空気が断熱材となり、冬場の保温だけでなく、夏の強い日差しも防いでくれます。とても合理的な素材です。囲炉裏から立ち上る煙が萱の間を通ることで、カビや虫も防いでくれます」

2000（平成12）年に、志朗さんが評議員を務める財団法人アイヌ文化振興・研究推進機構（現・公益財団法人アイヌ民族文化財団）が制作した『アイヌ生活文化再現マニュアル　建てる　祖先の時代のチセづくり』（＊1）では、白老地方（しらおい）のアイヌのチセの建て方を解説している。参考文献として、萱野氏の著書『アイヌ民家の復元　チセ・ア・カラー　われら家をつくる』（未来社）などが挙げられている。

雪の上に残る動物の足跡。アイヌはこれらを注意深く観察することで、動物の種類だけでなく、成長や個性までも見極めていた

チセの右手にあるのは、チプ（丸木舟）と保管小屋。チプは川や沼での漁、交通運搬などに使用された

「父はチセの建て方の継承だけでなく、材料となる良質な萱の所在や生育状況にも目を向けていました。私も町立の施設（平取町立二風谷アイヌ文化博物館）や登別（のぼりべつクマ牧場）にある復元チセの保全・改修などの監修をしています。残念ながら当館の敷地内に2014（平成26）年に建てたチセは、2022（令和4）年の大雪で倒壊しましたが、町立二風谷アイヌ文化博物館隣接の二風谷コタンはチセだけでなく、アイヌの暮らしに関わるさまざまな施設を再現しています」

二風谷コタンにはポロチセ（大きな家）のほか、チセ（家）、ヌササン（祭壇）、ヘペレッセッ（小熊の檻）、プ（倉）、チプ（丸木舟）、オッカヨル（男子便所）、メノコル（女子便所）、クマ（干し竿）などが立ち並ぶ。

「国内には復元したチセを展示・公開している施設（＊2）が10以上あるので、さまざまな地域のアイヌ文化に触れてほしいですね。いま、若い人たちが熱い思いを持ちながらチセの復元やアイヌ文様の伝承、言語の継承などに取り組んでいます。現代人や未来の人たちが文化や思想を深めたり、自然との向き合い方を考えたりしていく上でも大きな意味を持つと思います」

アイヌという言葉は『ひと』を意味する。アイヌの伝統的な信仰では、あらゆるものには魂が宿り、植物や動物など人間に恵みを与えてくれるもの、生きていくのに欠かせないもの、そして人間の力の及ばないものなどをカムイ（神）として敬う。そして世界はアイヌ（人間）とカムイ（神）が関わり合いながら成り立っている。いま世界と人類が直面するさまざまな問題を考える上で、示唆となる世界観である。

二風谷のチセのある風景は、北海道で暮らしてきたアイヌが培った叡智と創意を次代につなぐ意義を伝えている。

左／屋根を持ち上げる作業をチセプニと言う。チセづくり最大の山場で、村人総出で行われた。交互に片側を上げながら土台を置き、高くしていく　右／「父がこの資料館を建てた時、私は中学生でした。自転車で館内を走って遊んでも怒らない温厚な人でした」と志朗さんは回想する

＊1：公益財団法人 アイヌ民族文化財団の公式サイトで全頁を公開している
https://www.ff-ainu.or.jp/manual/files/2000_01.pdf
＊2：「アイヌ生活文化再現マニュアル」で紹介している「復元したチセを展示・公開している施設」は次の通り。【道内】アイヌ植物園（上士幌町）、アイヌ民族博物館（白老町）、旭川市博物館（旭川市）、嵐山公園（鷹栖町）、川村カ子トアイヌ記念館（旭川市）、のぼりべつクマ牧場（登別市）、北海道博物館（札幌市）、平取町立二風谷アイヌ文化博物館（平取町）、萱野茂二風谷アイヌ資料館（平取町）　【道外】国立民族学博物館（大阪府吹田市）、野外民族博物館リトルワールド（愛知県犬山市）

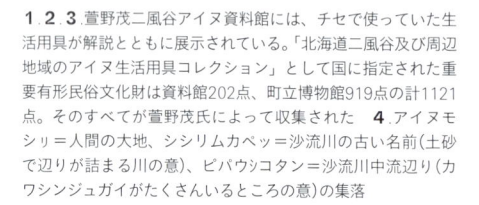

1.2.3.萱野茂二風谷アイヌ資料館には、チセで使っていた生活用具が解説とともに展示されている。「北海道二風谷及び周辺地域のアイヌ生活用具コレクション」として国に指定された重要有形民俗文化財は資料館202点、町立博物館919点の計1121点。そのすべてが萱野茂氏によって収集された　**4**.アイヌモシリ＝人間の大地、シシリムカペッ＝沙流川の古い名前(土砂で辺りが詰まる川の意)、ピパウシコタン＝沙流川中流辺り(カワシンジュガイがたくさんいるところの意)の集落

INFORMATION

萱野 茂 二風谷アイヌ資料館
平取町二風谷79-4　☎01457-2-3215
開館時間：9：00〜17：00(入場は16：30まで)
休館日：なし(11/16〜4/15は電話で事前連絡)

5.平取町立二風谷アイヌ文化博物館には、アイヌ民具など約4000点が収蔵されている。その多くは、萱野茂氏から町に寄贈されたもの　6.カムイ(神)や先祖の霊と人間の間を取り持つ供物・イナウを舳先に取り付けた丸木舟(チプ)　7.アイヌ語で弓はク、矢はアイと呼ばれ、矢にはトリカブトから取った毒が塗られ、大きなヒグマも倒すことができた　8.1991年竣工の町立二風谷アイヌ文化博物館は翌年、北海道建築奨励賞を受賞している。民具のほか図書資料(約4000冊)や視聴覚資料(約5000点)を所蔵している

平取町立二風谷アイヌ文化博物館
平取町二風谷55　☎01457-2-2892
開館時間：9：00〜16：30
休館日：12/16〜1/15、11/16〜12/15と1/16〜4/15は月

二風谷コタン
平取町二風谷55　☎01457-3-7703
開館時間：9：00〜16：30
休館日：屋外は年中公開

静寂の森に佇む
笹葺きの居宅

場所	アイヌ文化の森・伝承のコタン
竣工	1972（昭和47）年

#アイヌの里

生い茂る緑の中に建つ3棟の
笹葺きのチセに相対すると、
時が止まったかのような感覚
を覚える

左／クマ笹を2・3本まとめて横木(サクマ)に編みつけていく。上川・旭川地域では昭和40年代後半から復元したチセを継続的に維持管理している　右／「伝承のコタン」に渡る橋、チノミシリルイカ橋。チノミシリは「われら・いのる・山」、ルイカは「橋」を意味する

には、上川アイヌが住んでいたチセ（住居）やプー（食料庫）、アシンル（男子トイレ）、メノコル（女子トイレ）などが往時の姿に復元されている。「伝承のコタン」を含め、嵐山一帯は日本遺産「カムイと共に生きる上川アイヌ」の構成文化財のひとつにも認定されている。

　屋根と壁をクマ笹（＊2）で葺いているのが上川のチセの特徴で、笹を葺く作業（＊3）は主に女性が担っていた。女性たちは笹だけでなく、さまざまな植物を生活の中で利用し、それらに対して深い感謝の念を持ち、敬意を払ってきたという。彼女たちなら植物も呼吸の気配も感じ取れたかもしれない。

　植物の息づかいすら聞こえそうな（もちろん聞こえるはずもないのだが）、あまりに静謐な空間に身を置くと、自分がどの時代のどこにいるのか、何を思ってこの場所に足を踏み入れたのか、刹那それらすべてを見失いそうになる。
　道北の拠点都市・旭川市の北部の広大な自然公園・嵐山は、上川アイヌと呼ばれる人たちが、チ・ノミ・シリ（われら・いのる・山）と崇めた神々と人間をつなぐ聖地だった。1972（昭和47）年に開設したアイヌ文化の森・伝承のコタン（＊1）

INFORMATION

アイヌ文化の森・伝承のコタン
鷹栖町字近文9線西4号
☎0166-55-9779(嵐山公園センター)
※チセは年中公開だが冬期間(年によって異なる)は養生のため、シートで覆われる

＊1：アイヌ語で集落・村落を意味する。自然発生的にできるコタンは平均して5〜7軒ほどと言われる
＊2：クマに当たる漢字は「熊」ではなく「隈」。葉の縁(スミ)が白いことにちなむ。学術的に多種の笹をすべて「クマ笹」と呼び習わすことが多い
＊3：笹を束ねたもので屋根や壁を覆うこと

INTERVIEW 09

YOICHI

重要文化財となった ウイスキーの聖地

ニッカウヰスキー余市蒸溜所

（旧大日本果汁株式会社）

#製造業事始

DATA

創業	1934(昭和9)年
竣工	1942(昭和17)年
設計	土岐 喬
構造	木骨石造平屋、一部2階建て

ヨーロッパの城砦を思わせる
重厚な石造りの正門。この棟
を含め、多くの建築物が軟石
を用いている

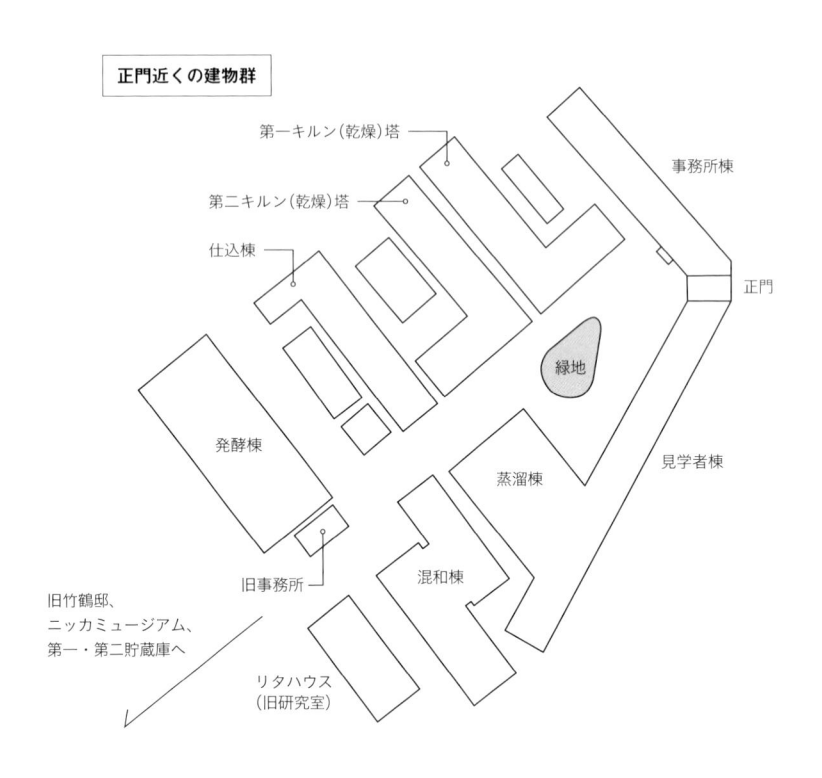

正門近くの建物群

第一キルン（乾燥）塔
第二キルン（乾燥）塔
仕込棟
事務所棟
正門
緑地
発酵棟
見学者棟
蒸溜棟
旧事務所
混和棟
旧竹鶴邸、
ニッカミュージアム、
第一・第二貯蔵庫へ
リタハウス
（旧研究室）

HISTORY | 歴史 |

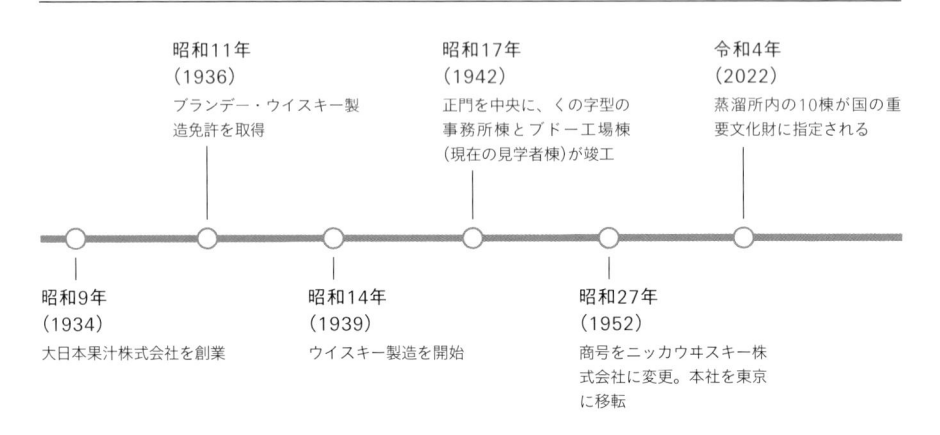

昭和11年
（1936）
ブランデー・ウイスキー製
造免許を取得

昭和17年
（1942）
正門を中央に、くの字型の
事務所棟とブドー工場棟
（現在の見学者棟）が竣工

令和4年
（2022）
蒸溜所内の10棟が国の重
要文化財に指定される

昭和9年
（1934）
大日本果汁株式会社を創業

昭和14年
（1939）
ウイスキー製造を開始

昭和27年
（1952）
商号をニッカウヰスキー株
式会社に変更。本社を東京
に移転

工場敷地内から見た正門

正門を中央とし、左の棟には事務所と守衛室などが入り、右の棟には施設見学者(予約制)向けに余市蒸溜所について映像や展示で紹介するビジターセンターが入る。広々とした北国の空に、赤い屋根がよく映える。

蒸溜所のシンボル・キルン塔

正門から入って右手のキルン(乾燥)塔は余市蒸溜所のシンボルとされる。発芽した大麦をピート(泥炭)でいぶして乾燥させ、麦芽をつくる。パゴダと呼ばれる排煙のための尖塔は、ウイスキー蒸溜所ならでは建築様式。

珍しい石炭直火式の蒸溜法

竹鶴政孝氏が1919(大正8)年にスコットランドに留学して学んだロングモーン蒸溜所に倣い、余市蒸溜所の創業にあたって石炭直火式の蒸溜を採用した。現在、同方式を採用している蒸溜所は世界でも稀だという。

味わい残すポットスチル

蒸溜に使うポットスチルは、下向きのラインアーム(＊1)を持つストレートヘッド型を採用。上向きタイプに比べ、アルコール以外のさまざまな成分を残しながら蒸溜が進むため、原酒に複雑で豊かな味わいが生まれる。

MEMO

道内建築で最多の重要文化財

国指定の重要文化財には、北海道の建築物が35件指定されているが（2024年4月現在）、1件で10棟もの建物が指定されているのはニッカウヰスキー余市蒸溜所のみ。道内建築で指定日が最も古いのは、天才的茶人と謳われた小堀遠洲が江戸初期に手掛けたとされる八窓庵（札幌市）の1936（昭和11）年。最も新しいのは余市蒸溜所の2022（令和4）年。

＊1：ライパイプとも呼ばれる。銅製の蒸溜釜（ポットスチル）を冷却器（コンデンサー）につなげ、アルコール蒸気を運ぶ

正門のアーチの向こうに広がる蒸溜所の施設群。竹鶴氏は、海風吹く余市にスコットランドを重ねたという

個性的なウイスキーを送り続ける北の蒸溜所

中年世代より上の方ならば、1985（昭和60）年にスペースシャトル搭乗員として日本人初の宇宙飛行士に選ばれた毛利衛氏の出身地として、余市町の名を聞いたことがあるかもしれない。さらに上の世代なら、1972（昭和47）年に開催

創業まもなくの様子。上の写真と比べ、舗装になっていないことと、樹木が若いことと以外は変わらない

された札幌オリンピックで、日本人初の冬季五輪金メダルに輝いた笠谷幸生氏（隣町の仁木町出身）の所属チーム「ニッカウヰスキー」の本店（本社は東京）と工場（蒸溜所）の所在地として、聞き覚えのある方も多いだろう。

時代は下り、2001（平成13）年。世界で最も権威ある評価とされる英国のウイスキー専門誌『ウイスキーマガジン』主催のテイスティングコンテストで、ニッカウヰスキーが送り込んだ「シングルカスク余市10年」が各国のウイスキーを押さえ、総合第1位を獲得した。もちろん日本初の快挙であり、ジャパニーズウイスキーが今日、世界の5大ウイスキーのひとつに数えられるようになった原点とも言える出来事である。

蒸溜所のほぼ中央にあるのは、工場を拓く際に建てた旧事務所。木造平屋建て、1934（昭和9）年竣工。右は発酵棟

なにかと「日本初」に縁のある余市町は、「日本のウイスキーの父」と呼ばれる竹鶴政孝氏（故人）が早くから蒸溜所建設を思い描き、妻のリタさんとともに終生愛した土地である。ウイスキー造りに生涯を捧げた創業者の「この蒸溜所は、この形を変えぬこと」という言葉は守り続けられ、2022（令和4）年には蒸溜塔など10棟が国の重要文化財に指定される。

「創業者・竹鶴政孝の執務室として1934（昭和9）年7月に建てられた旧事務所が10棟の中では最も古い建物で、1980（昭和55）年に余市町の指定文化財にもなっています。事務所棟や蒸溜棟、貯蔵棟、リキュール工場、第一キルン（＊1）塔、第二キルン塔、研究室・居宅、第一貯蔵庫は2005（平成17）年に登録有形文化財（＊2）の登録を受けています。それらに第二貯蔵庫を加えた計10の建造物が重要文化財に指定されました。第一貯蔵庫と第二貯蔵庫はセットで

ひとつかな、とも考えていたので、それぞれが指定され、ちょうど10棟になったのは予想外のことでした。これは嬉しかったですね」と説明してくれるのは、ニッカウヰスキー余市蒸溜所の工場長を務める岩武公明さん。

広島県竹原市で酒造業・製塩業を経営する一家の三男に生まれた竹鶴氏は、1918（大正7）年に単身スコットランドへ渡り、本場のウイスキー造りを学ぶ。

ウイスキーの味わいには土地の気候や自然環境が影響する。帰国後、スコットランドに似た土地を探し回った竹鶴氏は北海道を創業の地と定め、道内各地を比較検討した。冷涼な気候や良質で豊富な水資源に加え、余市には日本海から流れてくる湿潤な空気という利点があった。

「湿度の高さは樽を乾燥から守ってくれるので、ウイスキーが蒸発しにくく、特有の味わいや風

1931(昭和6)年に、地主・但馬八十次が住宅として建設。開業時に竹鶴氏が購入し、研究所とした。愛称はリタハウス

味が生まれます。また当時のウイスキー造りに欠かせなかったピート（＊3）についても、竹鶴が方々を探し回り、石狩平野で良質なものを見つけました。理想のウイスキーを探し求める中での余市との出会いでしたが、広大な風景にもいたく感激するとともに、ここで暮らす人々の飾らない気質ともウマが合ったようです」と岩武さんは語る。

　近年は製法技術が発達したため、必ずしも燃料にピートを使う必要はなくなり、本場スコットランドでもノンピートタイプのウイスキーが多く造られている。その中で、あえてヘビーピートタイプにこだわる一徹さが、国内のみならず海外のファンをも惹きつけている。

「さらに特徴的なのは、伝統的な石炭直火式を使い続けていることです。いまでは世界でもほとんど見かけない蒸溜法です。熱された釜の底の温度は800〜1200度になり、味わい深い焦げのフレーバーが生まれます。軽めのお酒に人気が集まりがちな風潮の中で、ヘビーピートで石炭直火式という個性の強い酒造りを続けている

旧竹鶴邸は余市町山田町の夫妻の住居を2002(平成14)年に移設したもの。当時の夫妻の暮らしを紹介している

＊1：キルンは釜や炉の意味。ウイスキーの蒸溜所におけるキルン塔とは、発芽した大麦を乾燥させるための設備のことで、乾燥塔とも呼ばれる
＊2：有形文化財は、都道府県や市区町村の文化財保護条例により指定または登録されたものを指す。それ以外の文化財で、文化財保護法によって保存と活用が必要とされるものは登録有形文化財に指定・登録される。その中で、特に重要であるとして国が評価するものは重要文化財に、さらに評価が高いものは国宝に指定・登録される

のは私たちの誇りでもあり、ウイスキー愛好家との信頼関係でもあるのです」

創業者の実直な性格は建物にも表れている。1934（昭和9）年に竣工した正門および事務所棟など、初期に建てられた施設は札幌軟石を用いた石造りにトタン屋根、そして屋根の上にはパゴダ（仏塔の意味）と呼ばれる排煙のための尖塔が置かれる。スコットランドの風景を北海道の大自然と資材で再現した「竹鶴流」が見てとれる。調和を持った中世ヨーロッパの街並みを思わせる空間は、見学者の気持ちを掻き立て、その一日を特別なものにしてくれる。

「蒸溜所というものは形をそうそうに変えてはならない、と竹鶴は常々言っていたそうです。路面は土から舗装になり、運搬も馬車ではなくなりましたが、建物や樹木は90年前からそのままです。創業時に働いていた人たちがいま現れても、あまり違和感を覚えないんじゃないですかね。製法だけではなく、ウイスキーを生み出す風景にも初心を貫くという大正人のロマンシズムと合理性が生み出した、世界で唯一無二の蒸溜所だと思います」

国税庁の統計をみると、国内の酒類の課税移出数量は1999（平成11）年度をピーク（1017万キロリットル）に下降が続き、四半世紀のうちに約2割減少している。

その中でウイスキーは特異な傾向を見せる。1989（平成元）年に23万キロリットルというピークを迎えたのち、バブル崩壊の影響もあり、2008（平成20）年には7万5千キロリットルと3分の1以下にまで落ち込む。ところが翌年から上昇に転じ、現在はきれいなV字型での回復を見せている。

「国内のウイスキー市場は、輸出も好調で、年々増加しています。いまや日本は質・量とも世界で5本の指に数えられるウイスキー大国です。国境を越えて本物志向の舌と鼻を満足させる製品造りは、本物のウイスキーを生涯求めた竹鶴の本懐とも言えます。90年と言わず、100年と言わず、さらにその先の先までもこの建物群の風景の中で原酒造りにこだわる。ここはそういう精神が引き継がれていく場所なのです」

敷地面積約132,000平方メートルにも及ぶ余市蒸溜所を切り盛りする岩武さんの中にも、創業者の熱い精神が息づいている。

左／「北海道勤務は5年目。夏冬で風景が一変するのには、いまだに驚きます」と話す岩武さんは、大分県の生まれ　右／第一貯蔵庫は、創業時の1939（昭和14）年に原酒を貯蔵するための施設として建設された。木骨石造り、平屋建て

＊3：コケ類やシダなどの水生植物や海藻などが長い年月を掛けて堆積したもの。炭化があまり進んでいない石炭を意味する「草炭」と呼ばれる。ウイスキーの原料となるモルト（大麦麦芽）を乾燥させ、製麦（モルティング）する熱源として使われてきた

1.蒸溜所内部に居並ぶポットス
チル。手前が初溜釜（ウオッシュ
スチル）、奥が再溜釜（スピリッツ
スチル）　2.90年前とほぼ変わ
らぬ風景が広がる蒸溜所。本物の
ウイスキー造りを探し求めた情熱
が引き継がれている

Story of NIKKA WHISKY

3

4

3.ニッカミュージアム内にあるテイスティングバーでは、蒸溜所限定商品などさまざまなウイスキーが有料試飲できる　4.2001(平成13)年に世界一の評価を得た「シングルカスク余市10年」が、講評を掲載するウイスキーマガジンとともに展示されている　5.竹鶴氏が残したスコットランド留学時の蒸溜所実習記録などの数々が、ニッカミュージアムに展示されている

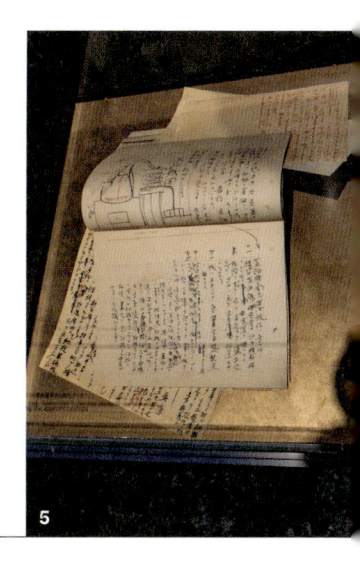

5

INFORMATION

ニッカウヰスキー余市蒸溜所
余市町黒川町7-6
☎0135-23-3131
営業時間：9：00〜15：00　定休日：年末年始

製糖から麦酒へ
時代を継ぐれんが建築

サッポロビール博物館

場所	（旧札幌製糖）
竣工	1890（明治23）年

#製造業事始

左／ビールの仕込時に麦汁を煮沸する釜。2003（平成15）年まで工場で使用されていた。直径 6.1メートル、容量 85キロリットル
右／館内では、1876（明治9）年の北海道開拓期から受け継がれるビール醸造の歴史を展示物とパネルで伝えている

塩と砂糖は、白くてサラサラしている点が同じだが、もちろん味はまったく違う。そしてもうひとつ大きく異なるのが、塩なくして人間は生きていけないが、砂糖はなくても生きていけるであろうこと。しかし、一度その味わいを知ってしまうと、なかったことにできない。現代において、砂糖は嗜好品というより必需品と呼ぶのがふさわしい。

いまや北海道の畑作の基幹作物にまで成長した甜菜（＊1）の栽培は明治期、凶作の連続だった。サッポロビール博物館はもちろんビールの歴史を伝える文化施設だが、その建物には本道の製糖業がたどった苦難も刻まれている。

北海道の製糖は、1880（明治13）年、現在の伊達市で操業した官立紋鼈製糖所（＊2）が始まりであり、同所はほどなく民営化される。1888（明治21）年には札幌製糖株式会社（＊3）が設立、2年後に堅牢なれんが造りの工場を竣工し、操業を開始する。ところが甜菜の凶作がたたり、紋鼈製糖所は1896（明治29）年に解散。そして札幌

工場も、原料不足や経営、技術の未熟さなどから1901（明治34）年に解散し、本道の製糖史はわずか20年で途切れる。

一方、札幌麦酒株式会社（現サッポロビール）は生産量の増加に対応するため、工場の増設を迫られていた。そこで1903（明治36）年、同社の札幌工場近くにあった札幌製糖を買い受け、製麦工場とする。建物は1965（昭和40）年まで稼働し、その後は取り壊しなども検討されたが、歴史的な建物を残すという同社の方針によって、1987（昭和62）年にサッポロビール博物館として開館。今日では国内有数のビール専門博物館として多くの来館者を迎えている。

INFORMATION
——
サッポロビール博物館
札幌市東区北7条東9-1-1
☎011-748-1876
営業時間：11：00〜18：00　定休日：月

＊1：ヒユ科に属し、見た目はカブに近い。寒冷地作物として栽培される。砂糖の原料はサトウキビがよく知られるが、世界の砂糖生産量の約20％、日本では輸入を除く約80％が甜菜から作られている
＊2：砂糖の輸入超過を回避するために興された国策会社。甜菜を原料とする製糖工場としては国内第1号。製糖の機械類はフランスから輸入した
＊3：建設地は当時、苗穂村と呼ばれていた地区。ドイツ製の製糖機械を輸入し、ドイツ人の技術者も招いたが、甜菜の不作で赤字が続いた

INTERVIEW [10]

AKABIRA

—

櫓が伝える
赤平炭鉱の記憶

—

赤平市炭鉱遺産
ガイダンス施設
（旧住友赤平炭鉱立坑櫓）

#産炭地訪問

DATA

創業	住友石炭鉱業赤平礦業所：1938（昭和13）年 ガイダンス施設：2018（平成30）年
竣工	1963（昭和38）年
設計	不明
構造	鉄骨造、鉄筋コンクリート造

旧住友赤平炭鉱ヤード（操車場）。出炭の効率を追求して造られた施設は竣工当時、東洋一の性能と謳われ、赤平市民の誇りでもあった

ILLUSTRATION | 図解

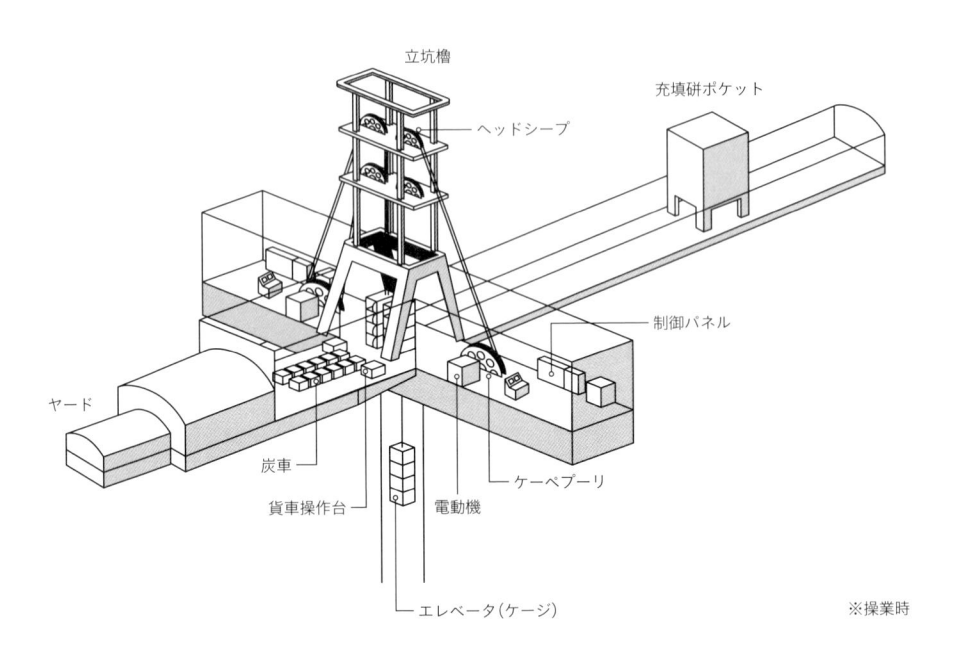

立坑櫓

ヘッドシーブ

充填研ポケット

制御パネル

ヤード

炭車

貨車操作台

電動機

ケーペプーリ

エレベータ（ケージ）

※操業時

HISTORY | 歴史

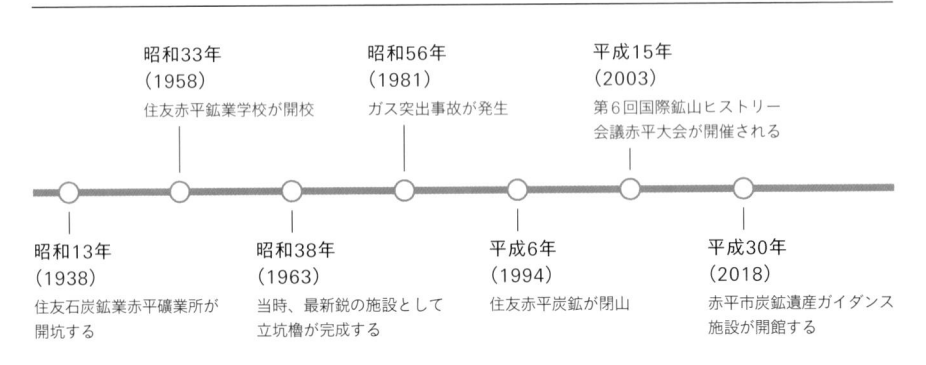

昭和33年（1958）
住友赤平鉱業学校が開校

昭和56年（1981）
ガス突出事故が発生

平成15年（2003）
第6回国際鉱山ヒストリー会議赤平大会が開催される

昭和13年（1938）
住友石炭鉱業赤平礦業所が開坑する

昭和38年（1963）
当時、最新鋭の施設として立坑櫓が完成する

平成6年（1994）
住友赤平炭鉱が閉山

平成30年（2018）
赤平市炭鉱遺産ガイダンス施設が開館する

＊1：櫓の上部に備え付けられている滑車。運搬効率を上げようとエレベータを大型化すると、メインロープも太くなる。太いロープは曲がりづらく、直径の大きな滑車が必要になる
＊2：直流または交流から周波数の異なる交流を発生させる逆変換回路。電動機の回転速度調整や出力トルクの調整を容易にし、効率を高めることができる。省エネルギーにも寄与するため、技術の確立とともに置き換えが推奨された
＊3：採炭は坑道を掘り進める坑内掘りと、地表から採掘する露天掘りがある。露天掘りは道内で7社が操業している
＊4：夕張山地から空知山地にまたがる日本最大の炭田

炭鉱の心臓部・立坑昇降場

ヤードの中央に内径6.6メートル、深さ650メートルの立坑がある。この作業エリアからケージと呼ばれるエレベータに乗り込み、作業区域まで下りる。採掘された石炭を積んだ炭車を引き上げて荷を下ろす作業も行われる。

4基の滑車を持つ立坑櫓

地上から43.8メートルの高さに組み上げられた立坑櫓。ヘッドシーブ（＊1）と呼ばれる直径5.5メートルの大型滑車4基にワイヤーロープを掛けて、ケージを上げ下ろしする。住友赤平炭鉱はその形状からH形櫓と呼ばれた。

昇降を制御するパネル

立坑を昇降するエレベータの速度は停止状態から加速、最高速から減速、そして停止と目まぐるしく変わる。インバータ（＊2）が誕生していない時代、回転数を制御するには大掛かりな電気設備が必要だった。

24時間稼働のケーペプーリ

1600キロワットの直流モーターに接続した直径5.5メートルの巻き上げ機。溝にワイヤーロープを掛けエレベータを昇降させる。かつて日曜以外休みなしの3交代制で稼働していた。立坑を挟んだ反対側にも設置されている。

MEMO

国内唯一の坑内（＊3）掘炭鉱

北海道の石炭採掘は、日米和親条約よる外国船への石炭補給要求を背景に、1857（安政4）年に釧路のオソツナイ（現・岩見浜地区）で始まった。1912（明治45）年の石炭埋蔵量調査で石狩炭田（＊4）が注目され、三井、三菱、住友を中心とした財閥資本が進出。現在は釧路コールマイン株式会社が唯一の坑内掘炭鉱として、海底下から石炭を採掘する。

静寂の中、レールが奥へ奥へと延びる。炭車が行き交い、エレベータがひっきりなしに昇降していた姿を想像するのは難しい

半世紀余の濃密な採炭史に触れて学ぶ

　日本の文化・伝統を後世に伝えようと2015（平成27）年に文化庁が始めた「日本遺産（Japan Heritage）」は2024（令和6）年3月末現在、全国で104の有形・無形の文化財群が認定されている。北海道関連では鮭漁など5件。そのひとつに「炭鉄港」がある。空知地区の石炭、室蘭市の鉄鋼、小樽市の港湾、そして3地区を結びながら全道に広がった鉄道網。それらの一文字ずつを組み合わせた造語だ（鉄は鉄鋼・鉄道の両義）。近年の再評価の中で生まれた言葉であり、道民にもまだなじみが薄いが、明治初期から昭和中期までの100年足らずで北海道の人口を100倍にした「北の産業革命」を総括する力強い三文字だ。

　とはいえ、空知地区の炭鉱については1995（平成7）年までにすべてが閉山しており、その歴史は数ある日本遺産の中でも群を抜いて短い。そのひとつである赤平市の住友赤平炭鉱にいたっては、開坑から閉山までわずか56年。濃密な半世紀余は地域の隆盛に、そして北海道の発展や日本のエネルギー需要にどのように貢献したのだろう。

　「1938（昭和13）年に操業を開始した住友赤平炭鉱は急増する石炭需要に対応しようと、中堅社員の養成を目的に住友赤平鉱業学校を1958（昭和33）年に創立します。私はその9期生です。入学から卒業までの3年は生徒として坑内で研修を重ね、入社から閉山までの25年は鉱員として働きましたので、この炭鉱の歴史のちょうど半分を見てきたことになります」

　そう話すのは三上秀雄さん。かつての職場は

現在、赤平市炭鉱遺産ガイダンス施設として一般公開され、三上さんは市の常勤臨時職員として専属ガイドを務める。

「父は道内最古の炭鉱である泊村の茅沼炭鉱に勤めていて、私も泊村で生まれました。中学2年だった1964（昭和39）年に炭鉱が閉山し、一家で赤平に移り住みました。当時、市内には4つの大きな炭鉱（＊1）があり、父はその中でも最大手の住友赤平炭鉱で働き始めます。赤平だけでなく、空知の産炭地はどこも石炭景気で賑わっていました。福利厚生として住友赤平が経営していた映画館も観客でいっぱいでした。でも鉱業学校に入ると勉強に追われます。採鉱学や地質学、測量学、そして機械や電機に関する専門知識を学びながら、通信制で一般高校の授業も履修しなければならない。授業は毎日8時間ぐらいありましたね」

その頃、住友赤平炭鉱は年間100万トンの出炭量から200万トンへの倍増を実現すべく、さらなる深度での採炭に踏み切る。国内最先端の技術を導入した立坑櫓の建設が進められた。立坑とは垂直に掘られた坑道で、櫓は人や石炭、資材を上げ下ろしするエレベータの昇降に関わる設備と機械類を指す。立坑櫓は炭鉱における要とも言える施設だ。

「1963（昭和38）年に完成した立坑櫓は当時の金額で約20億円もの大金を投じ、東洋一の性能と謳われました。4段造りのエレベータに各

「あまりしゃべらないタイプだったので、ガイドを務めている自分を時々、不思議に思うんですよ」と三上さんは笑う

段18人、計72人の鉱員を乗せて上げ下ろしします。そして地下で掘り出された石炭を積んだ炭車を引き上げ、地上でカラにした炭車を再び地下に下ろす。日曜以外休みなしの3交代制24時間の操業ですから、ひっきりなしに地上と地下を行き来していました」

2012（平成24）年に誕生した東京スカイツリーのエレベータは定員40人を乗せ、秒速10メートルで地上と展望台を行き来するが、この立坑櫓のエレベータは秒速12メートルで採炭用具をまとった72人を運ぶ。昇降の回路には、現代では見ることも稀になった真空管（電流を制御するガラス管）を使っていた時代であったが、操業中のエレベータ事故は一度も起きなかった。

しかし新櫓の操業からまもなく、国は石油や安価な海外炭への切り替えを視野に、減産体制へと舵を切る。以降も国内の炭鉱経営は国策やエネルギー市場に振り回される。

また、犠牲者を伴う鉱山事故の頻発も産炭の現場に翳りを落とした。赤平市から南に60キロほど離れた夕張市の北炭夕張新鉱で、1981（昭和56）年10月16日にガス突出事故（＊2）が発

ガイダンス施設には、救護隊がかつて使っていた装備品などが展示されている。指導係のプレートには三上さんの名もある

炭鉱の心臓部とも言えるエレベータの昇降設備。地下の作業区域まで人員や炭車を降ろし、地上へと引き上げる

生し、93人が死亡または行方不明となった。道内における戦後最大の惨事と言えるこの事故が引き金となり翌年、同鉱は閉山した。

「同じ年の8月に、ここでもガス突出事故が起きて3名が亡くなっています。私は23歳から閉山まで救護隊を兼務していたので、事故が起きれば真っ先に駆けつけます。この事故では後輩のひとりの遺体を私の手で掘り起こしました。炭鉱では安全や保安に対して最大限の神経を使います。入坑時には全員が持ち物検査を受け、タバコやマッチ、ライターなどを持ち込んでいないか確認しますし、坑内には万が一に備えて空気供給の設備が設けられています。それでも事故は起き、時に多くの人が亡くなる。研修でほかの炭鉱で起きた大事故についての講義を受けるのですが、聞いていていたたまれない気持

ケーペプーリ（巻き上げ機）制御パネルの深度を示すメーターには、プラットホーム（-550メートル）の倍にあたる1100メートルまで記されている

＊1：1913（大正2）年の下富良野線の開通で石炭輸送の目途が立った。1918（大正7）年に茂尻炭礦、1937（昭和12）年に豊里炭鉱、1938（昭和13）年に住友赤平炭鉱、赤間炭鉱と大手4炭鉱が開坑。小規模炭鉱を併せると22もの炭鉱が赤平市内で操業していた

ちになりました」

　深部での採炭も功を奏せず、住友赤平炭鉱は1994（平成6）年に閉山。最盛期には大小158もの炭鉱がひしめき、赤平駅の貨物取り扱い量を日本一に押し上げ、大阪梅田駅を2番手に追いやったこともある空知の産炭の歴史はここで幕を閉じる。赤平市の人口も1960（昭和35）年の5万9430人のピークから減少の一途をたどり、閉山時は1万8033人、2024（令和6）年2月現在の人口はその半分以下の8687人である。

　閉山時、43歳だった三上さんは1年ほど会社に残り残務処理にあたった。仕事を求めて他の地域に移る仲間も多かったが、三上さんは子どもの進学なども考えて赤平に残る。市の嘱託職員となり、炭鉱と関わることもないまま8年が経った。

　2003（平成15）年、日本を含めた14か国、計147名が参加する「第6回国際鉱山ヒストリー会議」が赤平市で開かれることになり、三上さんに「地元の炭鉱遺産をガイドしてほしい」との依頼が寄せられた。国内外の研究者が集まり、鉱山の歴史や遺産的価値について議論や研究発表を行う場であり、アジアでは初となる開催であったが「いまさら？　正直、そう思いました。世間は、操業中はお金を生むヤマとしてありがたがってくれましたが、閉山すると過酷な労働や悲惨な事故、莫大な国の補助金や災害補償問題など、悲しい記憶や悪いイメージばかりが残る。炭鉱遺産の価値と言われてもピンとこなかったのです」

　それでも炭鉱の喜びも悲しみも知るひとりとして協力した。そして、それは最初であったが最後ではなかった。会議を契機に、赤平の炭鉱遺産の活用を進めようと地元の有志を中心にコミュニティガイドクラブ「TANtan（タンタン）」が発足。三上さんも参加し、立坑や関連施設のガイドを務めた。関わった人たちと言葉を交わし、思いを

上／鉱員を乗せて斜坑を走る斜坑人車。小ぶりの車体に3人ずつ乗ると窮屈なはずだが、ヘッドランプの下には笑顔が連なる（1955年頃、赤平市教育委員会提供）　下／廃墟探訪を目的とする参加者も少なくない。「もちろんそれでもいいし、ちょっとでもリアルが加わればなお良いこと」と三上さん

共有するうちに三上さんの意識が変わる。「赤平の炭鉱遺産の歴史や文化を後世に伝えたい」との思いが募り、2代目代表として活動を牽引する。2018（平成30）年、赤平市は保全された旧炭鉱を見学できる国内唯一の施設として赤平市炭鉱遺産ガイダンス施設を開館。三上さんは午前と午後にガイドツアーを担当し、立坑櫓などの解説を担う。2023（令和5）年に来館者は5万人を超え、ガイドツアーの参加者も1万5,000人に上った。

　「いまは炭鉱の光と影、そして可能性と課題を未来に伝えていくことに手応えを感じています。赤平市や空知地区にとどまらず、炭鉄港の歴史を紐解くことで、北海道、そして日本のこれからに思いを馳せてもらうのが自分の役割なのだと考えています」

　炭鉱町から、炭鉱のあった町へと変わった赤平市。その変わり目の意味をどう伝えるか。三上さんは今日も新たな気持ちで案内役を務める。

＊2：1981（昭和56）年10月16日12時41分頃、北炭夕張新鉱の北部区域北第五盤下坑道でガスが噴出し、坑内員が次々と倒れた。同日夜には火災も発生。事故発生から3日目、生存が絶望視される59人を坑内に残したまま、鎮火のために通気を止めるが火災は収まらず、その5日後に坑内に注水を行った。この事故で救護隊員も含む93人が犠牲となった

1.右手前は炭車の移動を管理する操作室。黄色の炭車は石炭積載用で赤平炭鉱の独自規格。茶色は坑内から出る岩石などの捨石(通称・ズリ)を運搬する充填ダンプ車　2.救護隊の装備品として重要な酸素呼吸器。使用時間は180分だが、激しい作業になると吸気が間に合わず苦しくなる　3.救護隊旗。どの炭鉱においても救護隊を編成し、日頃から訓練を重ねて災害や事故に備えた。旗のデザインは全国共通である　4.炭鉱会社は坑内員の労働意欲を高めるため慰問団を招き、多くの芸能人が炭鉱の会館の舞台に立った(1950年頃、赤平市教育委員会提供)　5.ガイドツアーは事前にガイダンス施設のホールでレクチャーを受けてから、前方に見える立坑櫓のヤードへと向かう　6.赤平市炭鉱遺産ガイダンス施設は入館無料(ガイドツアーは有料)。旧炭鉱歴史資料館から移設した約200点の資料を展示している　7.採炭や保安に関する機器や道具類のほか、実際の採掘において使用されていた詳細な坑道図などを展示している

INFORMATION

赤平市炭鉱遺産ガイダンス施設
赤平市字赤平485
☎0125-74-6505
開館時間：9：30〜17：00　休館日：月・火（祝の場合は翌日）

立坑櫓前に置かれた美唄町出身の彫刻家・安田侃氏の作品「妙夢」。静かな山間で、かつての隆盛に思いを寄せる場でもある

美唄の森に残る
炭鉱都市の遺産

炭鉱メモリアル森林公園

場所 ｜ （旧三菱美唄炭鉱施設）

竣工 ｜ 三菱美唄炭鉱立坑櫓（たてこうやぐら）：1923（大正12）年

#産炭地訪問

左／コンクリート造りの開閉所。開閉とは電源の「入」「切」を指し、坑内施設の電源供給や制御をこの建物で一括管理していた　右／当時、北海道最大容積を誇った原炭ポケット。採掘した石炭には不純物が含まれており、それらを精炭するまで、一時的に保管していた

炭鉱で栄えたまちが、閉山後に地域を維持していくのは容易なことではない。従業員や関連産業などが立ち去れば、そこが無人と化すのも珍しくない。美唄市常盤台地区の三菱美唄炭鉱は、1915（大正4）年に地場の炭鉱を買収して開業。最盛期の1944（昭和19）年には年間180万トンの石炭を生産したが、エネルギー政策の転換や大規模な事故（＊1）などもあり、1972（昭和47）年に閉山。かつて三菱鉱業全炭鉱の中でトップクラスの産出を誇り、一大都市として栄えた美唄市の常盤台地区は現在、ほぼ無人地帯となっている。

炭鉱メモリアル森林公園は、炭鉱の跡地を遺産として活用し、実際に使われていた複数の施設を保存・展示している。立坑は1923（大正12）年に建設された。櫓の高さは20メートルで、深度約170メートルまでエレベータを昇降させていた。

電源管理に関する機器を収納していた開閉所と、貯蔵容量約1300トンの原炭ポケット（採掘された石炭を選炭されるまで保管しておく施設）は、1925（大正14）年に建設されたもの。立坑櫓と原炭ポケットは、経済産業省が指定する近代化産業遺産に選定されている。

同市出身の彫刻家・安田侃氏の希望により、2018（平成30）年に妙夢、意心帰、吹雪3点の彫刻作品が公園内に設置されている。

INFORMATION
—
炭鉱メモリアル森林公園
美唄市東美唄町一ノ沢
☎0126-62-3131（美唄市都市整備部都市整備課）

公園入口の案内板には、美唄市内のかつての炭鉱関連施設や、いまも残っている建物が地図とともに紹介されている

＊1：1941（昭和16）年3月18日、三菱美唄炭鉱で落盤によるガス・炭じん爆発事故が発生し、入坑者374人のうち177人が死亡。その3年後の1944（昭和19）年5月16日には、立坑北部第一斜坑でガス爆発が発生。職員2人を含む97人が死亡、12人が行方不明（後に死亡と断定）となった

旧北海製罐（株）小樽工場第3倉庫。1924（大正13）年竣工の鉄筋コンクリート造4階建て。全長約100メートルにも及ぶその威容は、小樽運河の北エリアのシンボルとして、市民や観光客を魅了し続けている▶42頁

ARCHITECTURE TOURS

VISIT HOKKAIDO DIVIDED INTO THREE AREAS

網走市立郷土博物館。前身は社団法人北見教育会が開館した北見郷土舘。1948(昭和23)年、網走市に移管。網走やオホーツク地区の自然や古代から現代に至る歴史の流れを展示・解説している▶162頁

道南・道央エリア

江別市／三笠市／小樽市／函館市／美唄市／北斗市／歌志内市／
夕張市／岩見沢市／江差町

道北・オホーツクエリア

士別市／北見市／旭川市／網走市／利尻富士町／稚内市／
増毛町／利尻町／紋別市／斜里町

十勝・釧路根室エリア

根室市／中札内村／釧路市／池田町／帯広市／弟子屈町／浜中町

国連加盟の193か国のうち、
約50か国は北海道の3分の1以下の面積である。
つまり北海道を3エリアに分けて、それぞれを巡るということは、
ちょっと小さめの国を3つ回るようなもの。
もちろん気候風土だけでなく、歴史や文化もさまざまだから、
手応え十分と言って良いほどの建築探訪を楽しめるだろう。
建物の由来と星霜を訪ねながら、
行く先々の土地の魅力も存分に味わってほしい。

ARCHI TECTURAL MAP

01
道南・道央 エリア

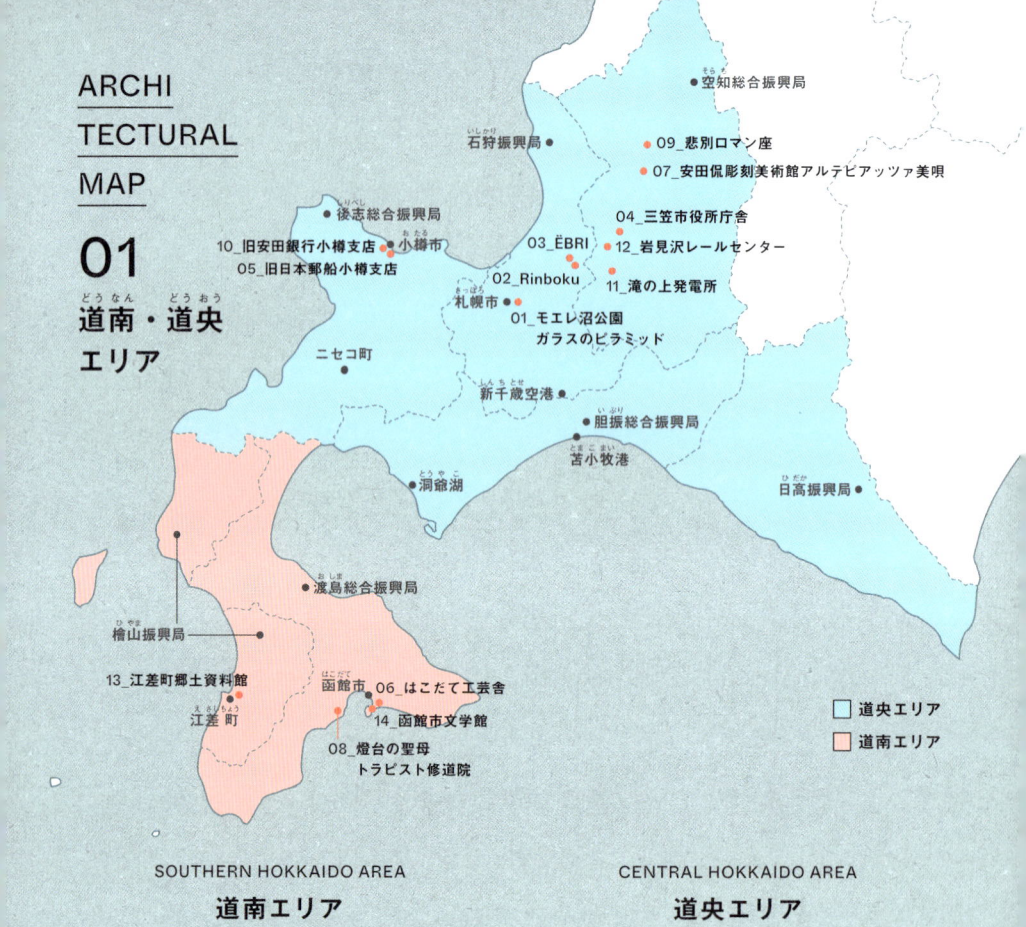

- 空知総合振興局
- 石狩振興局
- 09_悲別ロマン座
- 07_安田侃彫刻美術館アルテピアッツァ美唄
- 04_三笠市役所庁舎
- 後志総合振興局
- 10_旧安田銀行小樽支店
- 05_旧日本郵船小樽支店
- 小樽市
- 03_EBRI
- 12_岩見沢レールセンター
- 02_Rinboku
- 11_滝の上発電所
- 札幌市
- 01_モエレ沼公園 ガラスのピラミッド
- ニセコ町
- 新千歳空港
- 胆振総合振興局
- 苫小牧港
- 洞爺湖
- 日高振興局
- 渡島総合振興局
- 檜山振興局
- 13_江差町郷土資料館
- 江差町
- 函館市
- 06_はこだて工芸舎
- 14_函館市文学館
- 08_燈台の聖母 トラピスト修道院

□ 道央エリア
□ 道南エリア

SOUTHERN HOKKAIDO AREA
道南エリア

　道南エリアは渡島総合振興局と檜山振興局を指す。檜山は北部と南部の飛び地である。この2局は天気予報などでも「渡島・檜山地方」と同一エリアと認識されることが多い。道内で最も温暖な地域であり、年間を通しての寒暖差も小さく、積雪も少ない。蝦夷地と呼ばれていた時代から本州との交易や漁で賑わった函館市が主要都市で、歴史や文化を活かした観光地として国内外の人気を集めている。また、江戸期から明治期にかけてニシン漁とその加工品の交易地だった江差町はかつて「江差の五月は江戸にもない」と言われるほどの賑わいと繁栄を見せ、その片鱗はいまも名所として公開されている。

CENTRAL HOKKAIDO AREA
道央エリア

　道央エリアは北海道の14振興局のうち、石狩、日高、後志、空知、胆振の5つから成る。このエリアは北海道全体の2割強の面積に過ぎないが、人口は約6割を占める。とりわけ主要都市・札幌市を含む石狩振興局に集中しており、同局だけで宮城県の総人口をも超える。JR札幌駅や苫小牧港、新千歳空港など、道内の移動のみならず首都圏や海外からの玄関口となる交通の要衝もこのエリアに集中している。また札幌市および小樽市は国内トップクラスの観光地として不動の地位を誇り、近年ではニセコ町や洞爺湖周辺の自治体が海外に名を馳せるリゾート地としてクローズアップされている。

01 ｜ モエレ沼公園
　　　ガラスのピラミッド

札幌市｜2003（平成15）年竣工

世界的に著名な彫刻家イサム・ノグチ（＊1）が基本設計を手掛けたモエレ沼公園の文化活動の拠点施設で、同公園を象徴するモニュメントでもある。一辺が約50メートルの三角面と四角錐、立方体が組み合わされた形状は、さまざまな角度からの景観が楽しめる。

＊1：米ロサンゼルス生まれ。大地の彫刻とも言えるランドスケープ・デザインを数多く発表するなど、20世紀を代表する彫刻家のひとりとして知られる

02 | サッポロ珈琲館Rinboku
（北海道林木育種場旧庁舎）

江別市（えべつ）｜ 1927（昭和2）年竣工

ハーフティンバー様式（＊1）を基調とし、石材と木材を組み合わせた構造と外観を持つ。札幌市内で喫茶店を展開するサッポロ珈琲館がリノベーションを施し、2022（令和4）年に同社本社とする。焙煎工場や直営のカフェも併設している。

＊1：梁や柱などの軸組が外部に露出している木造建築。表面に木材が半分ほど見える、あるいは壁と木材が半分ずつほどの見た目になることからこの名称で呼ばれる
＊2：粘土など非金属の鉱物質の材料を窯や炉で熱し、陶磁器や瓦、ガラスなどを製造する工業

03 ｜ ËBRI（旧ヒダ工場）
（エブリ）

江別市 ｜ 1941（昭和16）年竣工

江別市野幌地区の産業として栄えたれん
が生産における代表的な建築物。窯業（＊
2）を営み、1998（平成10）年に廃業した
株式会社ヒダの工場跡。窯業遺構として
の建物保全を目的に、2000（平成12）年
江別市が土地建物を取得し保存事業を開
始。2016（平成28）年れんが建築を活か
した商業施設ËBRI（エブリ）として保存活
用されている。

04 | 三笠市役所庁舎

三笠市 | 1956(昭和31)年竣工

Y字型という、役所庁舎ではほとんど見られない独特な形状の鉄筋コンクリート造。竣工時は2階建てで、後に増築して3階建てとなった。日本遺産・炭鉄港(＊1)の構成文化財のひとつ。中央部分には、六角形の部屋が乗っており、かつては展望台として使われていた。

＊1：空知の炭鉱、室蘭の鉄鋼、小樽の港湾、それらをつなぐ鉄道が北海道の人口を100年で100倍にする原動力となったとして、2019(令和元)年に日本遺産に認定された

05 | 旧日本郵船小樽支店

小樽市 | 1906（明治39）年竣工

小樽では数少ない本石造の建築物。設計は工部大学校造家学科（東京大学工学部建築学科の前身）第一期生の佐立七次郎。近世ヨーロッパ復興様式（＊2）を採用した外観で、内部の建具や壁紙なども当時の最高級品で統一している。

＊2：英国近世復興様式あるいはネオ・ルネサンス様式とも呼ばれる。19世紀前半からヨーロッパで始まり、日本を含む世界へ波及。古典的なルネサンス建築に基づきながら、各地の建築方式を織り交ぜた建築様式

06 | はこだて工芸舎
（旧梅津商店）

函館市｜1935（昭和10）年竣工

食料品・酒類販売の梅津商店が、1934（昭和9）年の函館大火で焼失した店舗を再建したのが現在の建物。焼失前の鉄筋コンクリート造が市民に親しまれていたため、同様の再建が検討されたものの、早期再開のため工期の短い木造モルタル造を採用。コンクリート造特有の曲線デザインを木造で再現している。

07 | **安田侃彫刻美術館　アルテピアッツァ美唄（旧美唄市立栄小学校）**

美唄市 | 1949（昭和24）年竣工

1981（昭和56）年に閉校した美唄市立栄小学校の校舎や体育館を含む一帯を再生し、1992（平成4）年に芸術文化交流施設として開設。校舎外壁を覆う下見板（＊1）や、天井を外したギャラリー上部の木造軸組トラスの小屋組み（＊2）など、見どころも多い。

＊1：横羽目板とも呼ばれる。外壁の仕上げに15センチほどの板を水平に張っていく工法。少しずつ重なり合うように板を
　　　取り付け、雨や雪などの入り込みを防ぐ
＊2：屋根や床など水平面を重視する日本の伝統的な木造軸組に、三角形を基本とした洋風構造を取り入れた工法

08 | 燈台の聖母
トラピスト修道院

北斗市 | 1935（昭和10）年竣工

フランスから訪れた9人の修道士たちによって、日本初の男子トラピスト修道院として創設された。1903（明治36）年の火災で木造の院舎が焼失し、1908（明治41）年にれんが造りで再建。以降、3度の増改築を経て現在の姿となる。

09 | 悲別ロマン座（旧住友上歌会館）

歌志内市 | 1953（昭和28）年竣工

空知地区の炭鉱のひとつ、住友上歌志内炭鉱の職員厚生施設として建設され、映画上映のほか舞台や歌謡ショーなどが開かれた。木造トラス構造の平屋建て。設計は久米建築事務所札幌事務所（現在の久米設計札幌支社）で、担当は渡邊洋治（＊1）。1971（昭和46）年の閉山に伴い閉鎖した。

10 | 旧安田銀行小樽支店

小樽市 | 1930（昭和5）年竣工

設計は安田銀行営繕課。第二次世界大戦後に富士銀行が継承し、後に新聞社や飲食店として使われる。2階建ての鉄筋コンクリート造。昭和初期の銀行建築に数多く見られたジャイアントオーダー様式（＊2）で、重量感溢れる4本の円柱が目を引く。

＊1：新潟県出身の建築家。住友上歌会館が竣工した翌年に久米建築事務所を退職。後に独特のデザインの建築物を数多く手掛け、異端の建築家と呼ばれた。陸軍の船舶兵出身で、軍艦をモチーフにした作風でも知られる
＊2：建物を構成する主要な柱が、2階以上の高さまで貫かれた通し柱を持っている建築様式

11 | 滝の上発電所（旧発電所建屋）

夕張市 | 1925（大正14）年竣工

オランダ積み（＊1）による、れんが造りの平屋建て。欄間に炭鉱の社章を見せる櫛形アーチの大きな窓が特徴。北海道炭礦汽船株式会社が、炭鉱の自家用発電施設として建設。閉山に伴い、北海道企業局が譲渡を受け運営してきたが、老朽化のため、補修及び新建屋増設を実施。平成29年度選奨土木遺産認定。

12 | 岩見沢レールセンター
（旧北海道炭礦鉄道岩見沢工場）

岩見沢市 | 1899（明治32）年竣工

2階建てのれんが造で、れんがはイギリス積み。外壁の一部は赤い鉄板で補修されている。正面上部に組み込まれた、大きな北海道炭礦社章が特徴。旧北海道炭礦鉄道が車両の製造と修理のための工場として建設。現在は北海道内のJR路線に使用されるレールの検査、補修、加工などを行っている。

＊1：イギリス積み同様に、レンガの長手（長い面）だけの段、小口（短い面）だけの段を交互に積み上げる方式だが、角の部分にイギリス積みよりも長手が短いれんがを使うのが特徴

13 ｜ 江差町郷土資料館（旧檜山爾志郡役所）

江差町｜1887（明治20）年竣工

道内に唯一残る郡役所の建物で、木造2階建ての洋風建築。寄棟屋根（＊2）で、瓦を使用している。3方に櫛形アーチ欄間を見せる玄関ポーチと、その上部のバルコニーの一体感が美しい。檜山郡と爾志郡を管轄する郡役所として建設。警察署や役場分庁舎としても使用され、1998（平成10）年から一般公開している。

14 ｜ 函館市文学館（旧第一銀行函館支店）

函館市｜1921（大正10）年竣工

れんがと鉄筋コンクリートを組み合わせた3階建て。設計は第一銀行建築課長の西村好時と、清水組の技師・八木憲一。形式美を踏まえた古典主義とセセッション（＊3）が融合した、大正モダンを体現する建築と言われる。

＊2：屋根の形のひとつで、四方に向かって傾斜し、上方に棟を持つ
＊3：建物の随所に幾何学的な装飾を施し、特にエントランス周辺を手の込んだ造りにする様式

道北エリア

道北エリアは、宗谷・上川の両総合振興局と留萌振興局の3局から成る。日本最北端である稚内市の宗谷岬から、「北海道のへそ」(中心点)と呼ばれる富良野市まで縦に長く広がる。日本最大の国立公園である大雪山国立公園には、現在も活動を続ける火山を含む標高2000メートル級の山が連なる。日本観測史上の公式最低気温（マイナス41.0度、1902年）を記録した旭川市、および非公式での最低気温（マイナス41.2度、1972年）を記録した幌加内町のいずれもが道北エリアである。

☐ 道北エリア
☐ オホーツクエリア

ARCHI
TECTURAL
MAP

02
道北・オホーツク
エリア

オホーツクエリア

オホーツクエリアは、オホーツク総合振興局1局から成る。オホーツクという呼称は、対岸のロシアの地名に由来し、18の自治体のうち9市町がオホーツク海に面している。オホーツク海沿岸は日本で唯一、流氷が着岸するエリアで、2月上旬から3月上旬にかけて紋別市や網走市などに国内外から観光客が訪れる。サケ・マス・ホタテの漁獲量でしばしば日本一となる漁業のほか、農業も盛んで、国内で収穫される玉ねぎの約4割を生産し、収穫量・作付面積ともに長年にわたって日本一を誇る。主要都市である北見市には、竪穴式住居の跡と見られる窪み約2700基が残る常呂遺跡があり、世界有数の史跡として発掘と研究が進められている。

06_旧海軍大湊通信隊稚内分遣隊幕別送信所庁舎
宗谷岬
稚内市
09_旧瀬戸邸
08_島の駅利尻 海藻の里
05_利尻島郷土資料館
宗谷総合振興局
留萌振興局
上川総合振興局
幌加内町
紋別市
11_紋別武徳殿
01_士別市公会堂展示館
旭川市
10_中原悌二郎記念旭川市彫刻美術館
03_上川倉庫 蔵囲夢
オホーツク総合振興局
04_網走市立郷土博物館
14_北見ハッカ記念館
網走市
02_ピアソン記念館
北見市
07_増毛町の歴史的建築群
12_斜里町役場旧庁舎
13_武華駅通
富良野市
大雪山国立公園

01 ｜ 士別市公会堂展示館
しべつ

士別市｜1915（大正4）年竣工
1989（平成元）年復元

大正天皇の即位記念として建設され、議場や集会場、公民館として使用。木造2階建てで、屋根の左右に設けられたドーマー窓（＊1）や、屋根の棟に配置された小さな尖塔など、道北エリアにおける大正初期の西洋建築の仕様がうかがえる貴重な建築。老朽化により1984（昭和59）年に解体され、5年後に市立博物館の隣りに復元された。

＊1：屋根裏部屋の採光や換気などを目的に、勾配のある屋根面から突き出した形の窓

02 | ピアソン記念館（旧ピアソン宣教師住宅）

北見市 | 1914（大正3）年竣工

日本で数多くの西洋建築を手掛けたアメリカ人の建築家ウイリアム・メレル・ヴォーリズ（＊1）が設計し、宣教師のピアソン夫妻が15年にわたり居宅とした。木造2階建て。スイスの山小屋風の西洋館という当時の北海道では珍しいスタイルは、ピアソン夫人の希望だったと言われる。北見市が1970（昭和45）年に復原工事を行い、翌年から記念館として開館している。

＊1：米カンザス州生まれ。建築設計を独学で学び、1905（明治38）年に英語教師として来日。キリスト教伝道の資金をつくるため設計事務所を設立。教会施設を中心に数多くの設計を手掛けた

03 | 上川倉庫 蔵囲夢

旭川市 | 1900(明治33)年〜
1913(大正2)年竣工

明治末から大正初期にかけて、旭川駅に隣接
して建てられた倉庫群。中央の白い木造建築
は事務所棟。当初、正面2階にはバルコニー
が設けられていたが、現在はアーチ窓になっ
ている。1、2階とも左右対象の上げ下げ窓
が設けられている。6棟のれんが建築の倉庫
を含め、すべてが国の登録有形文化財に登録
されている。

04 | 網走市立郷土博物館

網走市 | 1936（昭和11）年竣工

設計は田上義也（＊1）。中央のドームとアーチ屋根が特徴的な木造2階建て。星型窓やステンドグラス、らせん階段などは、田上の師である建築家フランク・ロイド・ライト（＊2）の影響がうかがえる。

＊1：栃木県生まれ。逓信省大臣官房経理課営繕係勤務の後、帝国ホテル建設事務所に入所。関東大震災を機に北海道へ渡る。北国の気候風土に根ざした建築を数多く手掛け、北海道建築界の重鎮でもあった

＊2：米ウィスコンシン州生まれ。設計した建築物は1200以上で、なかでも落水荘やグッゲンハイム美術館、帝国ホテル2代目本館などの設計で知られる。近代建築における三大巨匠のひとりとされる

05 | 利尻島郷土資料館

利尻富士町 | 1913(大正2)年竣工
1973(昭和48)年改修

旧鬼脇村役場庁舎だった洋風の歴史的建造物を活用し、1973(昭和48)年に資料館として開館。寄棟屋根の木造平屋建てで、正面玄関に切妻屋根(＊3)を組み合わせている。棟の両端の小さな棟飾りや、切妻屋根の破風にあしらった板飾りなど、明治期の洋風建築の影響がうかがえる。

＊3：屋根の形のひとつで、両側に山の形のように傾斜している屋根

06 | 旧海軍大湊通信隊
稚内分遣隊幕別送信所庁舎

稚内市 | 1930（昭和5）年〜
1941（昭和16）年頃竣工

北方海域における電波戦施設として設置された。隊舎棟、事務所棟、倉庫棟の3棟は、いずれも、れんが造りの平屋建て。北海道のれんが建築としては最大級だが、老朽化も進んでいる。太平洋戦争開戦時の「新高山、登レ一二〇八」の暗号電報（＊1）を中継打電した通信棟は戦後に撤去された。見学には稚内市への事前予約が必要。

＊１：1941(昭和16)年12月2日、日本海軍
連合艦隊司令部は北太平洋上の機動部隊に
「12月8日に米ハワイの米軍艦艇、施設、基
地を攻撃せよ」という命令の暗号電を送信。
これにより機動部隊はハワイへの攻撃準備を
開始した

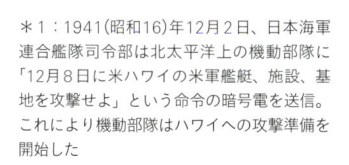

①

07｜増毛町の歴史的建築群

① _旧富田屋旅館｜1933（昭和8）年竣工
② _旧商家丸一本間家｜1902（明治35）年竣工
③ _旧多田商店｜1933（昭和8）年竣工
④ _旧増毛館｜1932（昭和7）年竣工
⑤ _旧増毛小学校｜1936（昭和11）年竣工

江戸期から漁業のまちとして知られ、明治から昭和初期にはニシン漁の隆盛で栄華を誇った増毛町には、倉庫や宿など歴史を伝える建築物が多く立ち並んでいる。国重要文化財の旧商家丸一本間家（＊1）をはじめ風雪に耐え続けた石造りや木造の建物は、重要な観光・文化資源になっている。

②

③

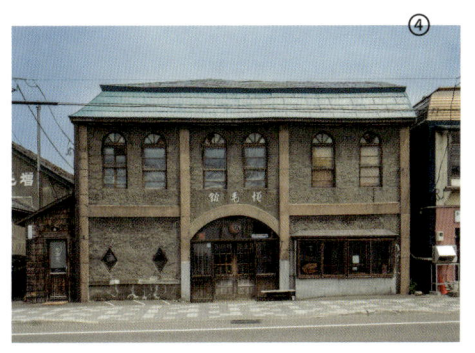

④

⑤

＊1：1875（明治8）年に増毛町で雑貨店を開いた本間泰蔵は、1880（明治13）年の大火に被災後、事業を拡大。本間家の居宅および呉服店舗や雑貨店舗、酒造蔵（のちに移転）、倉庫など、20年かけて増築した建築群が商家丸一本間家であり、現在は見学施設として公開されている

08 | 島の駅利尻 海藻の里
（旧兼上渡辺商店）

利尻町 | 1884（明治17）年頃竣工

約140年前に建てられた兼上渡辺商店（＊1）の倉庫兼店舗で、利尻島内では最古の建築物。和風の木造2階建て、トタン葺きで、1階が切妻、2階が平屋根。塗装を施していない下見板の枯れた風合いが年月を感じさせる。現在はNPO法人が運営し、カフェやコミュニティスペースとして活用している。

＊1：明治中期から昭和にかけて営業した海産物問屋。創業者は渡辺直治氏。利尻島内で獲れた昆布などの海産物は馬車で同商店に集められ、そこから島外へ送り出すという現在の漁業協同組合のような役割を担った

09 ｜ 旧瀬戸邸（旧瀬戸家住宅主屋）

稚内市 ｜ 1952（昭和27）年竣工

沖合底曳漁業の親方・瀬戸常蔵（＊2）の邸宅として建てられた。切妻屋根を複数組み合わせた木造2階建てで、建物の最前面にれんが造りの集合煙突を設けているのが珍しい。正面に5つ設けられた窓の大きさや縦横比も異なるなど、手の掛かった設計がうかがえる。稚内市教育委員会の管理で一般公開され、当時の宴席の様子や、稚内の漁業について伝えている。

10 ｜ 中原悌二郎記念旭川市彫刻美術館

旭川市 ｜ 1902（明治35）年竣工
　　　　1968（昭和43）年・1976（昭和51）年改修

陸軍第7師団将校の社交場、旭川師団将校集会所として建設。木造2階建てで、コロニアルスタイル（＊3）の姿形が特徴。正面2階の半円のバルコニーと、その上部のアーチ型のペディメント（＊4）の組み合わせが優雅な曲線美を強調している。戦後、学校の仮校舎や博物館として使用された後、1994（平成6）年に彫刻美術館として開館。

＊2：利尻富士町生まれ。27歳で稚内に渡り、底曳網漁船の経営をはじめ瀬戸漁業株式会社社長、全国北洋底曳網漁業協の組合長などを歴任。稚内市名誉市民
＊3：植民地おいて、故国の建築様式に準じながら、その風土や材料に合わせて建てられた建築様式
＊4：建物の正面の上部に設けられる、三角や円弧、くし形などの装飾デザイン

11 ｜ 紋別武徳殿（旧鴻之舞鉱業所光風殿）

紋別市｜1940（昭和15）年竣工

住友鴻之舞鉱業所（＊1）の従業員と、その家族の福利厚生施設として建設された。木造平屋建てで、神社仏閣を思わせる入母屋屋根（＊2）が特徴。鴻之舞鉱山関連唯一の遺構建築でもあり、歴史的価値は高い。1966（昭和41）年に現在地へ移転して復元、1973（昭和48）年に鉱山が閉山し、建物は紋別市に寄贈される。現在は武道場として活用されている。

12 ｜ 斜里町役場旧庁舎

斜里町｜1929（昭和4）年竣工

斜里町役場として建設され、1970（昭和45）年から図書館として長く親しまれた。木造2階建て。1、2階に連続する縦長の窓や三角屋根のドーマー窓など、昭和初期の役所建築を知ることができる貴重な建物。

＊1：鴻之舞金山は大正初期に鉱山師によって発見された。1917（大正6）年に住友鴻之舞鉱業所が操業を開始。1936（昭和11）年には産出量が年間2トンを超え、全国1位になった
＊2：屋根の上部が切妻屋根の形で、下部が寄棟屋根の形をした屋根

13 | 武華駅逓（旧留辺蘂町開拓資料館）

北見市 | 1920（大正9）年竣工

開拓移住者の相談所や、旅人の休憩・宿泊所、人馬継立所となる駅逓（＊3）として開設。建設当時は木造平屋建てで、1931（昭和6）年に2階部分が増築された。北海道庁が1888（明治28）年に定めた「官設駅逓所取扱規程」の駅逓所建築標準図とほぼ同じ間取りであることからも貴重な建物とされる。1936（昭和11）年の廃止後、駅逓の取扱人に譲渡され、住宅として使用。現在は資料館として一般公開されている。

14 | 北見ハッカ記念館

北見市 | 1935（昭和10）年竣工

北海道信用購買販売組合の北見薄荷工場の研究所として建設。木造2階建てで、1階部分の羽目板がドイツ式（＊4）で貼られているのが特徴。淡いピンクの板張りの1階と、白のモルタル壁の2階という色構成も印象的だ。1983（昭和58）年の閉鎖後、北見市に寄贈され、1986（昭和61）年に記念館として開館。

＊3：幕末から昭和初期にかけて道内の交通の不便な地域に設けられた施設。古くは運上屋、会所、通行家などとも呼ばれた。最盛期には道内に約120軒あったと言われる

＊4：板の接合法のひとつ。上下の合わせ部分の片方を大きく削り取り目地を大きく見せる工法で、箱目地とも呼ぶ。同じぐらいに削ってピッタリ合わせるのを相じゃくりと呼ぶ

十勝エリア

釧路根室エリア

十勝エリアは、十勝総合振興局1局から成り、1市16町2村を持つ。主要都市は唯一の市である人口約16万人の帯広市。北海道全体の約13％の面積を占め、香川県や大阪府の約6倍の広さである。農業や畜産業を主とする第一次産業を中心とし、同振興局の調査では、エリア内の食糧自給率は1100％にも達する。雄大な大自然に恵まれ、阿寒摩周国立公園、大雪山国立公園、日高山脈襟裳十勝国立公園の3つの国立公園を有している。

□ 十勝エリア
□ 釧路根室エリア

釧路根室エリアは、釧路総合振興局と根室振興局から成る。釧路総合振興局は主要都市の釧路市のほか6町1村を持つ。釧路漁港は国内の水揚げ量で常に上位に入り、また厚岸町や釧路町のカキ、浜中町の昆布など、海産物で知られる自治体が多い。釧路平野には日本最大の湿原である釧路湿原が広がる。

根室振興局には主要都市の根室市のほか4町があり、根室海峡を挟んだ東には歯舞群島、色丹島、国後島、択捉島の北方地域（北方領土、北方四島）が望める。春から夏にかけて海霧に覆われることが多く、霧日数は例年100日前後にも達する。農業の中心は酪農で、生乳が農業産出額の71％を占める。

択捉島

国後島

根室海峡

色丹島

08_JR北海道釧網本線川湯温泉駅舎

大雪山国立公園

阿寒摩周国立公園

09_北海道立北方四島交流センター

歯舞群島

05_弟子屈町屈斜路コタンアイヌ民族資料館

根室市

根室振興局

01_根室市明治公園第1～3サイロ

釧路市

13_六花亭サロンKyu

釧路総合振興局

釧路湿原

帯広市

06_池田町ブドウ・ブドウ酒研究所

03_釧路市立博物館

厚岸町

10_湯沸岬灯台

浜中町

12_十勝信用組合本店

11_コーチャンフォー釧路店

07_旧双葉幼稚園園舎

14_釧路港文館

04_釧路フィッシャーマンズワーフMOO

日高山脈襟裳十勝国立公園

02_相原求一朗美術館

十勝総合振興局

ARCHI
TECTURAL
MAP

03

十勝・釧路根室エリア

01 ｜ 根室市明治公園第1〜3サイロ
　　　（開拓使根室牧畜場第1〜3サイロ）

根室市｜1936（昭和11）年竣工

1875（明治8）年に開拓使が開いた牧畜場内に設置されている、れんが造りのサイロ（＊1）群。渋沢栄一を会長として発足した有終会が牧畜場を経営していた時代の建築物で、第2サイロは1932（昭和7）年、第1と第3は1936（昭和11）年に建てられた。高さ15メートル、直径約6メートルは国内最大級。

＊1：牧草や飼料を建物内の密閉した空間に貯蔵し、それらに付着する乳酸菌を発酵させることで長期間の保存を可能にする。乳酸発酵させた飼料をサイレージと呼ぶ

02 | 相原求一朗（＊1）美術館（旧帯広湯）

中札内村 | 1927（昭和2）年竣工
1996（平成8）年移築復元

帯広市内で、最も古い銭湯として親しまれた帯広湯が1995（平成7）年に廃業。隣町の中札内村に移設され、六花亭アートヴィレッジ・中札内美術村（＊2）で美術館として復元された。建物と建物を結ぶ遊歩道は、かつての国鉄広尾線の枕木を使用している。

＊1：埼玉県生まれ。少年時代に独学で油絵を始める。戦後、本格的に洋画を学び、1961（昭和36）年の北海道旅行をきっかけに、北の大地をテーマとする作品を描き始める。以来、生涯にわたり北海道に足を運び、自然の風景を描き続けた
＊2：北海道を代表する菓子メーカー・六花亭が運営する文化施設。145,000平方メートルの敷地内に4つの美術館と3つの作品館、レストランを運営している

174

03 | 釧路市立博物館

釧路市 | 1983（昭和58）年竣工

設計は釧路市出身の毛綱毅曠（＊3）で、「タンチョウが両翼を広げたようす」を表現したという。4階建ての鉄筋コンクリート造りで、高さの異なる楕円を幾重に積み上げた特徴的な外観になっている。建物の右側が収蔵展示棟、左側が展示棟。展示棟の1階は釧路地域の動植物、2階は有史前から現代に至る歴史、3階はアイヌ民族の伝統的な生活用品などを常設展示している。

＊3：神戸大学工学部建築学科卒業後、同学の助手となり設計を始める。本名一裕。2001（平成13）年59歳で没。個性的かつ独創的な建築を数多く手掛け、日本の建築におけるポスト・モダンの旗手と評される

04 | 釧路フィッシャーマンズワーフMOO

釧路市 | 1989（平成元）年竣工

設計は毛綱毅曠。釧路市中心部の釧路川沿いに建つ複合商業施設で、5階建ての鉄骨造。複雑な外観で、過剰とも言われる各所の装飾は、日本のポストモダン建築（＊1）を牽引した毛綱建築の体現と言われる。鮮魚や道東の特産品が並ぶ市場や飲食屋台のほか、バスターミナルや郵便局などが入居する。全天候型植物園のEGG（Ever Green Garden）を併設。

＊1：合理的、機能主義的になった近代モダニズム建築への反動として1960年代に登場した建築様式。装飾性や過剰性、歴史性、象徴性などの回復を目指した

弟子屈町 | 1982（昭和57）年竣工

弟子屈周辺に居住していたアイヌ民族に関する資料収集や研究の拠点施設。「ユーカラの森」「コタンの大地」など5つのテーマを設け、450点の収蔵品を展示する。設計は毛綱毅曠。入口前に並ぶコンクリート柱や、段差の付いた半円ドームが印象的。設計者によるアイヌ世界の解釈をポストモダン建築で表現した国内でも類を見ない建築。

06 | 池田町ブドウ・ブドウ酒研究所
（ワイン城）

池田町 | 1974（昭和49）年竣工

全国初の自治体ワイナリーとして誕生した池田ワインの拠点施設。地上4階、地下1階の鉄筋コンクリート造。ヨーロッパの古城風の佇まいから「ワイン城」と呼ばれる。巨大な円柱を配した左右対照的な造りで、グレーのコンクリート壁とともに堂々とした偉観を見せる。地下はワインの熟成室、1階は十勝ワインや池田町特産品の販売店、4階にレストランがある。

07 ｜ 旧双葉幼稚園園舎

帯広市 ｜ 1922（大正11）年竣工

正方形平面の園舎中央に八角形平面の遊戯室を置き、四方に保育室を接続するという独特の構造を持つ木造園舎。この設計を考案したのは当時の保育者で、後に2代目園長となる臼田梅。「幼稚園」の創設者と言われるドイツの教育学者フレーベルの思想を学んだ臼田は、「空間構造を遊び・楽しむこと自体が学びとなる」という理想を同園の設計において体現したと言われる。2013（平成25）年の閉園以後はNPO法人が管理し、イベントなどの施設として活用している。2017（平成29）年に重要文化財指定を受けている。

弟子屈町｜1936（昭和11）年竣工

1930（昭和5）年に日本国有鉄道の川湯駅として
開業。1936（昭和11）年の駅舎改築で現在の姿に。
1988（昭和63）年に川湯温泉駅と改称され、1995
（平成7）年に完全無人化された。イチイ（＊1）等
の丸太を活用したハーフティンバー様式の山小屋
風の建物。

＊1：寒冷地や深山に植生する常緑針葉樹。生長
が遅いため、年輪の詰まった良い材木となる

09 ｜ 北海道立北方四島交流センター
　　　（ニ・ホ・ロ）

根室市｜2000（平成12）年竣工

北方領土問題についての世論の啓発や、北方四島に居住するロシア連邦国民との交流の促進を図る拠点施設として開館。北方四島をイメージした4つに区切られた外観が特徴。展望室から国後島や知床半島を望むことができる。

10 ｜ 湯沸岬灯台

浜中町｜1951（昭和26）年竣工

湯沸岬（通称・霧多布岬）に立つコンクリート造の大型灯台。周辺には厚岸霧多布昆布森国定公園が広がる。晴れた日は白地に赤横帯の入った可憐な姿が断崖絶壁の先にポツンと佇む姿が楽しめ、海霧が立ち込めれば霧もやの中に灯台の灯だけが浮かび上がる幻想的な姿を見ることができる。

11 ｜ コーチャンフォー釧路店

釧路市 ｜ 2001（平成13）年竣工

書店やCD・DVDショップ、文具、食品、カフェなど
を集約した大型複合店・コーチャンフォーの2店舗目
として、本社（株式会社リラィアブル）所在地の釧路市
内で開業。建物の上部には大きな車輪を想起させる半
円のくし形アーチが置かれ、入口正面の壁にはいたる
ところにオブジェが組み込まれるなど、他の商業店舗
と一線を画す大胆なデザインである。

12 ｜ 十勝信用組合本店
　　　（旧安田銀行帯広支店）

帯広市 ｜ 1933（昭和8）年竣工

大通沿いの角地に建つ重厚なジャイアントオーダーが
特徴的な鉄筋コンクリート造2階建て。入り口の風除
室は後年の増設。1968（昭和43）年に十勝信用組合が
取得し、本店とする。帯広市歴史建築物に指定されて
いる。敷地の南西角を中心としたシンメトリー構造で、
奥行きのある左右対称の美は格別である。

13 ｜ 六花亭サロンKyu（旧三井金物店）

帯広市｜1912（明治45）年竣工

十勝地区に現存する中では、最古のれんが造りの建物。建物正面の開口部に架けられた水平の三連アーチが特徴で、十勝エリアでは珍しいデザイン。三井金物店の小売店舗として、賑わいのある大通地区に開店。この地区では初のれんが造りの建物ということで話題を呼んだという。廃業後は、菓子メーカーの六花亭が修繕・管理を行っている。

14 ｜ 釧路港文館

釧路市｜1993（平成5）年竣工

1908（明治41）年に釧路初の、れんが造りの洋風建築として竣工し、1965（昭和40）年に取り壊された釧路新聞社社屋を、残された図面を基に原寸通りに忠実に復元した建物。創建時の長手積み（＊1）を採り入れ、アーチ窓のデザインも正確に再現している。1階には釧路の港湾計画図や明治末期の市外図、2階には釧路ゆかりの歌人・石川啄木の資料を展示している。

＊1：れんがの長手だけを段ごとにジグザグに積む方式

北海道建築 ふたりの異才

田上義也（たのうえよしや） | YOSHIYA TANOUE |

1899（明治32）〜1991（平成3）年

設計を手掛けた建築

1.網走市立郷土博物館（旧北見郷土館）　1936（昭和11）年竣工／網走市　**2**.旧小熊捍博士邸　1927（昭和2）年竣工／札幌市　**3**.札幌市こども人形劇場こぐま座　1976（昭和51）年／札幌市

　生まれは栃木県西那須野村（現・那須塩原市）。早稲田大学付属早稲田工手学校から逓信省大臣官房経理課営繕係に入省するが、フランク・ロイド・ライトが設計を手掛ける帝国ホテルの現場に英語のできる建築家として転職。ライトから多くを学ぶ。同ホテルは竣工当日に関東大震災に見舞われるが、建物に大きな被害はなかった。廃墟と化した東京で前途に思い悩んだ田上は知己の勧め

などもあり、北海道に渡ることを決意。道中でイギリス人の聖公会宣教師ジョン・バチェラーと出会い、親交を深める。バチェラーが札幌で開いた学園寄宿舎の設計を任された後、北海道の気候風土に根ざした建築を数多く手掛ける。当時では珍しかったフリーランス建築家の先駆けとなる。札幌新交響楽団の創立者でもあり、初代指揮者も兼務するなど多才の人でもあった。

自身が希求する建築を追い求めた田上義也と毛綱毅曠は北海道の建築史において、
特別かつ特異な存在である。活躍した時代は違えど、素通りできない建物の数々を手掛け、
いまなお北海道建築をめぐるさまざまなテーマにおいて名が挙がるふたりの異才を紹介する。

毛綱毅曠 | KIKOU MOZUNA |

（もづな きこう）

1941（昭和16）～2001（平成13）年

設計を手掛けた建築

1.釧路市立博物館　1983（昭和58）年竣工／釧路市　**2**.釧路市立幣舞中学校　1986（昭和61）年竣工／釧路市　**3**.釧路フィッシャーマンズワーフMOO　1989（平成元）年竣工／釧路市

　生まれは北海道釧路市。神戸大学工学部建築学科卒業後、同学の助手となり設計を始める。初期には毛綱モン太と名乗る。1970年代後半に、同世代の建築家らと「婆娑羅グループ」を結成。東洋思想や宇宙観、宗教観などに自らの建築の在り方を求めた。個性際立つ建築を数多く手掛け、日本の建築におけるポスト・モダンの旗手として世界的に評された。壁も建具もすべて歪んだ形に仕上げた建物では、めまいを起こして倒れる人がいたという。1978（昭和53）年に株式会社毛綱毅曠建築事務所を設立。1985（昭和60）年に釧路市立博物館および釧路市湿原展望資料館の設計で日本建築学会賞を受賞。1995（平成7）年に多摩美術大学の建築学部環境デザイン学科主任教授となる。2001年、北海道立釧路芸術館での「毛綱毅曠展」開催の直前に逝去。

本書掲載／物件・取材先一覧

参考文献

- 北海道の建築(日本建築学会北海道支部編、丸善、1975)
- 新版 図説建築用語辞典(五十嵐永吉著、実教出版、2005)
- 50年のあゆみ 日本建築学会北海道支部(日本建築学会北海道支部、1998)
- 札幌軟石と煉瓦と、北海道の古建築の栞(北海道立図書館北方資料部編、2004)
- 北海道建築物大図鑑(本久公洋著、北海道新聞社、2020)
- 北海道の古建築と街並み(北海道住宅都市部編、1979)
- 札幌の建築探訪(北海道近代建築研究会編、北海道新聞社、1998)
- 函館の建築探訪(函館建築研究会編、北海道新聞社、1997)
- 道東の建築探訪(北海道近代建築研究会編、北海道新聞社、2007)
- 旭川と道北の建築探訪(北海道近代建築研究会編、北海道新聞社、2000)
- 道南・道央の建築探訪(北海道近代建築研究会編、北海道新聞社、2004)
- さっぽろ文庫別冊 札幌歴史地図〈昭和編〉(札幌市教育委員会編、札幌市、1981)
- 西興部村史(西興部村史編纂委員会編、西興部村、1977)
- 音威子府村史(音威子府村史編纂委員会編、音威子府村、2007)
- 赤平市史(赤平市史編纂委員会編、赤平市、2001)
- 平取町史(平取町、1974)
- アイヌの建築文化再考(小林孝二著、北海道出版企画センター、2010)
- アイヌ生活文化再現マニュアル 建てる((財)アイヌ文化振興・研究推進機構、2000)
- 建築ジャーナルNo.1347 特集「アイヌ民族と建築」(企業組合建築ジャーナル、2023)
- 砂澤ビッキ 風を彫った彫刻家 作品と素描(札幌芸術の森美術館編、マール社、2019)
- 函館小観(大正堂、1938)
- 実務者のための積雪寒冷地建築技術資料(日本建築士事務所協会連合会、1984)
- 北海道の建築 積雪寒冷地の設計技術ノート(「北海道の建築」編集委員編、北海道日建設計、2006)
- 北海道における初期洋風建築の研究(越野武著、北海道大学図書刊行会、1993)
- 新版 北海道の歴史(上・下)(関秀志著、北海道新聞社、2011)
- 日本建築様式史(太田博太郎編、美術出版社、1999)

建築監修：角 幸博（かど ゆきひろ）

1947(昭和22)年、北海道札幌市（さっぽろ）生まれ。北海道大学工学部建築工学科卒。北海道大学大学院工学研究科教授を経て北海道大学名誉教授。一級建築士。NPO法人歴史的地域資産研究機構代表理事。日本民俗建築学会会長。一般財団法人北海道文化財保護協会理事長、博物館網走監獄館長など役職多数。著書に『札幌の建築探訪』(共著、北海道新聞社)、『函館の建築探訪』(同)など。

撮影監修：酒井広司（さか いこうじ）

1960(昭和35)年、北海道余市町（よいち）生まれ。グレイトーンフォトグラフス有限会社代表。東京工芸大学短大部写真技術科卒。公益社団法人日本写真家協会会員。札幌文化団体協議会会員。写真撮影に『瀧口政満作品集』(北海道新聞社)、『砂澤ビッキ作品集』(同)など。第1回フォックスタルボット賞(東京工芸大学短期大学部主催)入賞。「偶景／SightSeeing」他で第30回写真の町東川賞特別作家賞受賞。

文・写真：荒井宏明（あら い ひろあき）

1963(昭和38)年、北海道北見市（きたみ）生まれ。一般社団法人北海道ブックシェアリング代表理事。北海道大学大学院 教育学院教育行政学研究室修士生。司書。北海道子ども読書活動推進会議委員。著書に『なぜなに札幌の不思議100』(北海道新聞社)、『北海道民あるある』(TOブックス)、『全国 旅をしてでも行きたい街の本屋さん』(共著、G.B.)、『メディアとアーカイブ』(共著、大月書店)など。

BOOK STAFF

建築監修：角 幸博
撮影監修：酒井広司
文・写真：荒井宏明

デザイン：松本 歩（細山田デザイン事務所）
イラスト：柏原昇店
校正：荒井知美
編集：山田容子（TWO VIRGINS）

北海道建築
北の大地に根づく建物と暮らし

2024年10月30日　初版第1刷発行

executive producer　Blue Jay Way

発行者：住友千之
発行所：株式会社トゥーヴァージンズ
　　　　〒102-0073　東京都千代田区九段北4-1-3
　　　　電話：(03) 5212-7442
　　　　FAX：(03) 5212-7889
　　　　https://www.twovirgins.jp/

印刷所：株式会社 光邦

ISBN 978-4-86791-019-1

©TWO VIRGINS 2024　Printed in Japan